FÁBIO SOUSA
prefácio por Teófilo Hayashi

NA VERTICAL

11 PILARES PARA O SUCESSO

FÁBIO SOUSA
prefácio por Teófilo Hayashi

NA VERTICAL

11 PILARES PARA O SUCESSO

Editora Quatro Ventos
Rua Liberato Carvalho Leite, 86
(11) 3746-8984
(11) 3746-9700

Editor Responsável: Renan Menezes
Equipe Editorial:
Sarah Lucchini
Eliane Viza B. Barreto
Diagramação: Vivian de Luna
Capa: Big Wave Media

Todos os direitos deste livro são reservados pela Editora Quatro Ventos.

Proibida a reprodução por quaisquer meios, salvo em breves citações, com indicação da fonte.

Todas as citações bíblicas foram extraídas da Nova Versão Internacional (NVI), salvo indicação em contrário.

Citações extraídas do site:
https://www.bibliaonline.com.br/nvi.
Acesso de 10 a 30 de fevereiro.

1º Edição: Março 2019

Ficha catalográfica elaborada pela bibliotecária: Geyse Maria Almeida Costa de Carvalho CRB 11/973

S729v
Sousa, Fábio

Na vertical: onze pilares para o sucesso / Fábio Sousa. – São Paulo:
Quatro ventos, 2019.
168 p

ISBN: 978-85-54167-11-0

1. Desenvolvimento pessoal. 2. Desenvolvimento cristão. 3. Liderança cristã. 4. Inteligência emocional. I. Título

CDU 2-184

SUMÁRIO

INTRODUÇÃO 15
CAPÍTULO 1 **CONSCIÊNCIA** 19
CAPÍTULO 2 **DESAFIOS** 37
CAPÍTULO 3 **DISPOSIÇÃO** 51
CAPÍTULO 4 **CONHECIMENTO** 65
CAPÍTULO 5 **RESILIÊNCIA** 77
CAPÍTULO 6 **BONS RELACIONAMENTOS** 89
CAPÍTULO 7 **MENTORIA** 101
CAPÍTULO 8 **INTELIGÊNCIA NAS EMOÇÕES** 111
CAPÍTULO 9 **FÉ** 127
CAPÍTULO 10 **AMOR** 145
CAPÍTULO 11 **CORREÇÃO** 155

DEDICATÓRIA

Ao meu pai, pastor e apóstolo, César.

DEDICATÓRIA

AGRADECIMENTOS

O pensador grego Esopo dizia que: "A gratidão é a virtude das almas nobres". Não só a minha busca pela nobreza em vida, mas também o carinho que toma o meu coração, me levam a agradecer àqueles que sem a sua contribuição não conseguiria escrever este projeto literário.

À minha equipe que, voluntariamente, ajudou revisando, opinando e apoiando: Daniel Lima, Priscyla Ávila, Jessica Watanabe, Iago Nascimento e Norberto Neto. Muito obrigado de coração. Deus abençoe e retribua a todos!

Agradeço à editora Quatro Ventos, em especial aos queridos Renan Menezes e Sarah Lucchini, pela oportunidade que me concederam de compartilhar estes textos. Que nosso Deus, em sua infinita graça, retribua a missão de difundir a sabedoria do Seu Reino através dos livros.

À minha querida esposa que, pacientemente, reviu todo o texto comigo, contribuindo, e muito, como sempre. Obrigado, querida Priscila, você é a minha sócia de vida e principal parceira ministerial. Agradeço também aos meus queridos, e mais importantes, filhos, Estevão e Amanda, que tantas vezes me dividiram com muitas pessoas. Amo vocês.

Agradeço à minha igreja, Fonte da Vida, e também a todos que durante 14 anos serviram ao nosso propósito na atividade pública. Fizemos muito porque soubemos agir juntos. Grato sempre!

Ao Rei Eterno, Imortal, Senhor de todo sucesso e planejador de futuros: Jesus. Muito obrigado por tudo!

FÁBIO SOUSA

PREFÁCIO

O melhor exemplo de líder que temos é Jesus Cristo, o líder-servo. Ele veio não para ser servido, mas para servir (Mateus 20.28). O líder-servo é aquele que usa de sua influência, recursos e plataformas para impulsionar sua equipe. Seu foco é contribuir para o desenvolvimento individual e coletivo de cada pessoa que escolhe estar debaixo da sua autoridade. O líder-servo entende que o seu nível de influência está diretamente conectado à sua capacidade de servir ao próximo e à sociedade. Esta categoria de líder usa seu poder para empoderar. Ele faz do seu "teto" o "chão" para que seus liderados façam obras maiores do que as que ele fez (João 14.12).

O Bispo Fábio de Souza exerce essa liderança com maestria evidenciando traços de um líder com o caráter de Cristo, não só na esfera da Igreja como também na esfera da política e governo. Ele é aquele homem que primeiramente escolhe focar no ser antes do fazer. Ele sempre se empenha para inicialmente construir algo entre ele e Deus para depois construir algo para o Senhor. Como um político, ele serviu à sociedade e à nação brasileira. Como pastor e líder de uma igreja, ele serve à comunidade e o Reino de Deus.

A sua constante busca por uma ascendência vertical na sociedade, com objetivo de honrar o Senhor, assegura-lhe uma influência horizontal com os homens. Os princípios que ele compartilha neste livro para obtermos um crescimento vertical em todas as áreas de nossas vidas estão fundamentados na verdade da Bíblia e no testemunho de sua vida pública e ministerial. Os ensinamentos que ele divide são resultado de uma longa parceria com Deus. Fábio de Souza é um homem que se preparou intensamente tanto para política como para o ministério. Ele sabe que nasceu para um tempo como este. E hoje podemos contemplar os frutos de toda essa entrega e disciplina.

Para tudo na vida, a ética de trabalho, o compromisso com a excelência e a disciplina para estar sempre preparado são chaves para o sucesso. Em meio a uma sociedade de tanto imediatismo, uma história de desenvolvimento de liderança como a dele é um sopro de ar fresco. Os impactos do seu legado já são evidentes e sólidos em nossa sociedade. Muitos líderes podem ver mais longe porque estão sobre os ombros de gigantes como o Fábio.

Eu recomendo fortemente este livro! Estou empolgado para ver o que ele fará na vida de cada leitor, porque sei que estas páginas carregam verdades que vão empoderar jovens líderes, independentemente de suas esferas de atuação. Prepare-se porque você está prestes a experimentar um crescimento vertical que aponta para ninguém menos que o nosso Deus.

TEÓFILO HAYASHI

INTRODUÇÃO

Ajudar você! Essa é a principal, se não a única, razão de eu ter escrito este livro. Sei que hoje há um universo de bons livros, escritos por autores excelentes (e outros nem tanto), que abordam o tema liderança cristã, ferramentas de *coaching* e inteligência emocional na Igreja. Sinceramente, eu estou longe do nível daqueles que realmente estão preparados para escrever sobre esses assuntos, portanto não tenho nenhuma aspiração nesse sentido. A minha intenção é ajudar uma geração de homens e mulheres a desenvolver o imenso potencial que Deus lhes deu utilizando princípios bíblicos. Acredito que a Bíblia seja o maior e mais completo manual de liderança que existe. E antes de liderar qualquer coisa, devemos aprender a ser líderes de nós mesmos. Por isso, quero ajudar você, leitor, a desenvolver esse potencial, com talentos inerentes à sua natureza, dons e ministérios que o Espírito Santo lhe concedeu, para que, ao liderar a si mesmo, você possa ser um instrumento d'Ele para liderar a sua geração.

Para chegar a estas conclusões, estudei e aprendi muito. E uma das lições que tirei é que é preciso ensinar o óbvio, porque o que é óbvio precisa ser lembrado. Entretanto, na busca pela grandeza, as pessoas acabam complicando o que deveria ser simples, e é por esse motivo que esta obra se atém ao que é elementar. Somo aos estudos, minha experiência de mais de 20 anos de ministério, 17 anos de ordenação pastoral, minha experiência como jornalista, comunicador, minha trajetória acadêmica e também empresarial, e meus 14 anos ininterruptos de mandato eletivo, como vereador em minha cidade, duas vezes deputado estadual e uma vez deputado federal.

Com isso, julgo ter conseguido certa bagagem para ajudar quem quer ser ajudado. Porém, isso seria nada sem a unção e a inspiração do Espírito Santo. Ele, sim, é quem levanta e ordena "reis e sacerdotes". Deus tem um plano fantástico para a sua vida e Ele quer colocá-lo em ação. Seu desejo ardente é que você viva o que "nenhum olho viu ou ouvido ouviu". Permita que Ele, em Sua infinita graça e misericórdia, desenvolva esse projeto em você.

O profeta Isaías, no capítulo 54, sendo boca do próprio Deus, disse:

> Alarga o espaço da tua tenda; estenda-se o toldo da tua habitação, e não o impeças; alonga as tuas cordas e firma bem as tuas estacas. Porque transbordarás para a direita e para a esquerda; a tua posteridade possuirá as nações e fará que se povoem as cidades assoladas. (Isaías 54.2-3 – ARA)

O texto se trata de um preparo para o cumprimento de uma promessa. Através do profeta, Deus orienta Seu povo a aumentar sua capacidade, representada por suas tendas, alongando as cordas e firmando bem as estacas para experimentar o Seu transbordar. Além disso, Ele diz ao povo: "não o impeça". Não seja você mesmo o empecilho. Pare de se autossabotar!

O meu desejo e oração é que este livro ajude você a se preparar, alongando bem sua capacidade, firmando seus princípios e valores, e o auxilie no propósito de não ser um empecilho para o transbordar que Ele deseja lhe dar.

Na Vertical nasceu em meu coração como uma resposta para nos lembrar que o nosso desenvolvimento deve ser sempre em ascendência vertical, ou seja, para cima. E eu creio nisso para a sua vida. E, como o nosso relacionamento com Deus é representado de forma vertical, o sucesso, portanto, está na vertical.

Neste livro, trago onze princípios que considero fundamentais para que você viva o sucesso que Deus tem reservado para você. O sucesso não ocorre por acaso. Depende de você.

Que comece a jornada!

CAPÍTULO 1
CONSCIÊNCIA

Se olho para mim, me deprimo. Quando olho para os outros, me iludo. Quando olho para as circunstâncias me desencorajo. Mas quando olho para Cristo me completo.

Steven Lawson

Consciência é uma palavra cheia de significados. A maioria dos dicionários define consciência como a percepção do mundo em volta, discernimento, bom senso, noção do que se passa, conhecimento. Há ainda definições filosóficas, éticas, psicológicas e médicas. Daria um bom debate. Mas vou me ater à explicação mais simples: a percepção da nossa realidade.

Para o início de uma jornada que aponte para um

destino de vitórias, precisamos ter consciência daquilo que nos cerca sobre três aspectos: consciência da realidade, consciência a respeito da forma como Deus nos vê e consciência da graça. E é sobre eles que conversaremos neste capítulo.

REALIDADE

Se há algo que pensamos não conseguir fazer é mentir para nós mesmos. No fundo, sempre achamos que sabemos qual é a realidade sobre nós e o que nos cerca. Porém, quando estamos com a visão embaçada, podemos nos enganar, e, quando isso acontece, acabamos nos tornando reféns de um dos maiores instrumentos de derrota que existe: a autossabotagem.

Muitos passam a vida inteira sem saber quem são de verdade, seus pontos fortes, fraquezas, habilidades, sonhos e desafios, e acabam estacionando ou até mesmo minando suas vidas apenas por não terem a mínima noção de sua identidade e do que se passa ao redor. Conhecer a realidade sobre você mesmo e o que o cerca é o primeiro passo para se posicionar e agir de maneira saudável e progressiva em todas as áreas da sua vida. Acreditar ser algo que não somos não fará com que nos tornemos genuinamente esse alguém. Pelo contrário, só atrasará o nosso processo de chegar onde realmente nascemos para estar. Precisamos ser honestos e assumir, de fato, a nossa realidade, porque apenas assim teremos consciência e poderemos ser intencionais na busca pelo crescimento, amadurecimento e futuro que almejamos. E isso não pode ser simplesmente uma questão de escolha para nós, mas de necessidade.

Para entendermos a gravidade desse assunto, basta pensarmos em um doente. Logicamente, ele só terá os devidos cuidados e obterá êxito em sua cura quando se reconhecer como tal e buscar ajuda especializada. Porém, se negar ou negligenciar a sua enfermidade, os sintomas só irão piorar a sua situação clínica. Precisamos reconhecer as nossas limitações, problemas, frustrações, traumas e outros impedimentos em nossa linha de partida.

Jesus era mestre em levar as pessoas a encararem as suas realidades. Sempre que operava Sua obra de forma individual na vida de alguém, Ele trazia a verdade e fazia com que este se deparasse com a realidade, fosse ela interna ou externa. No encontro com a mulher samaritana no poço de Jacó, Jesus a fez encarar sua realidade ao perguntar sobre seu marido. Ela já estava vivendo com o sexto homem. A samaritana reconheceu que vivia de forma errada e, através disso, Jesus transformou a vida daquela adúltera fazendo dela uma pregadora e influenciadora de sua geração (João 4).

Da mesma forma, Josué, antes de receber a promessa de que seria um instrumento de Deus para levar o povo de Israel a conquistar a tão sonhada Terra Prometida, teve de se deparar com a situação em que se encontrava através de uma declaração fortíssima de Deus: "Meu servo Moisés está morto". Deus estava levando Josué a encarar a realidade de que Moisés havia morrido e que ele teria de assumir a posição do libertador. A "bola" estava com Josué a partir daquele momento.

Temos a tendência de pensar que para os homens e mulheres da Bíblia era fácil passar por tudo o que passavam. Mas nos esquecemos de que, assim como nós, eles também não sabiam o rumo de suas histórias. A única saída que eles tinham era confiar em Deus, da mesma maneira que nós. Coloque-se no lugar de Josué por um instante. Imagine administrar um povo formado por cerca de dois milhões de pessoas cansadas da vida fatigante do deserto e extremamente ansiosas para chegar ao destino final: a

Terra Prometida. Se, hoje, administrar uma cidade com centenas de milhares de habitantes já é uma imensa responsabilidade, imagine um povo nômade sem as tecnologias atuais, sem saneamento básico ou regras de trânsito. Esse era o desafio de Josué. Josué era um general de guerra que assessorava o chefe, Moisés. De guerra e soldados, ele entendia bem, mas de resolver problemas comunitários, não. Sua única saída era tentar lembrar como Moisés fazia. Josué, a partir daquele momento, precisava aprender a ser um administrador de paz também, não apenas de guerra. Dessa maneira, quando seu líder, patrão, pai espiritual e grande mentor morreu, aquelas milhões de pessoas voltaram a sua atenção ao "novo líder". Aquela era a sua nova realidade. E foi exatamente quando ele se encontrava naquelas circunstâncias, que Deus lhe disse com clareza:

> Meu servo Moisés está morto. Agora, pois, você e todo este povo, preparem-se para atravessar o rio Jordão e entrar na terra que eu estou para dar aos israelitas. Como prometi a Moisés, todo lugar onde puserem os pés eu darei a vocês"; "Seja forte e corajoso"... (Josué 1.2-6)

Deus sempre nos mostrará a realidade. E não tem problema se no exato momento em que isso acontecer não nos acharmos prontos para realizar o que Ele nos chama para fazer, porque serão nestas situações que veremos a Sua graça se aperfeiçoar em nossas fraquezas. Entretanto, vale lembrar também que, apesar de sempre nos dizer e mostrar a realidade, Deus não faz isso por exigir perfeição de nós, mas para nos libertar. A verdade liberta. Não precisamos ter medo de encarar a nossa realidade hoje, porque não existe nada que Ele não possa transformar.

Além disso, algo que devemos ter em mente é que a realidade atual, independentemente do nosso posicionamento ou não, continuará lá e nos influenciará. Porém, quanto mais somos proativos nesse processo de transformação e permitimos que Deus aperfeiçoe a nossa natureza, mais corremos em direção à maturidade, inteligência emocional e caráter aprovado.

Não se iluda: a caminhada cristã exige transformação. Não existe cristianismo sem mudança de mente, atitudes e estilo de vida. Se você, de fato, anda com Jesus e O ama, é impossível permanecer o mesmo que era no ano passado, que dirá no retrasado. A nossa vida precisa estar em constante transformação à semelhança de Cristo. Mas, devemos nos lembrar que isso nos demandará ciência em relação à nossa realidade, por pior que ela seja. Reconheça as suas frustrações, seus problemas emocionais, limitações físicas e, por fim, deposite toda a sua realidade atual aos pés d'Aquele que tem o poder e o desejo de transformar destinos! Deus, o Todo Poderoso, transformador de futuros!

DA FORMA QUE DEUS O VÊ

Há uma diferença brutal entre a maneira como as pessoas nos veem e como Deus nos vê. O homem enxerga sob a perspectiva limitada de sua natureza adâmica. Deus vê segundo a perspectiva de Criador, de gerador de vida. A natureza adâmica, caída, nos faz enxergar com "olhos caídos", ou seja, de acordo com uma perspectiva de derrota. Já Deus nunca foi derrotado. Ele não conhece a derrota. Sua perspectiva sempre será vitoriosa. Sua visão é de triunfo o tempo todo. Porque Ele é invicto.

Por esse motivo, a forma como Ele nos enxerga é a partir da Sua perspectiva de valor, e não do que conhecemos ou achamos ser a forma certa. Deus, em Sua infinita sabedoria, escolheu valorizar aquilo que o homem não é capaz de julgar ou enxergar: o coração. Ele sempre estará mais preocupado com o nosso coração do que com as atitudes ou comportamentos externos que podemos mostrar. Muitos acreditam que ter um bom comportamento é sinal de um caráter aprovado, mas não é. Nem sempre a maneira como nos comportamos revela um caráter que passou pelo fogo, afinal qualquer um pode aprender a se portar bem.

Um bom comportamento não impressiona a Deus, mas um caráter aprovado atrai a Sua presença, pois revela um coração que escolhe constantemente se submeter à Sua vontade e ser tratado por Ele. Deus não se importa com o que mostramos para as pessoas. Ele não se importa se somos politicamente corretos, se sabemos o momento exato de levantar as mãos durante o louvor e adoração, ou se temos eloquência enquanto oramos. Isso não sensibiliza a Deus. Porque Ele conhece as nossas intenções, o que está por trás das muitas máscaras que às vezes usamos em nossas vidas, e se preocupa de verdade com o nosso coração, aquilo que o homem não pode ver.

O livro de 1 Samuel conta a história de quando Davi foi ungido rei de Israel mesmo sendo apenas um menino. O interessante dessa passagem é que ela nos revela que não só os irmãos, os pais e talvez outras pessoas que estivessem presentes pensavam que o futuro rei seria um dos irmãos mais velhos, mas até mesmo Samuel, um homem que ouvia e se relacionava diretamente com Deus. Até mesmo ele, um profeta treinado e sensível para escutar ao Senhor, errou:

> Porém o Senhor disse a Samuel: Não atentes para a sua aparência, nem para a grandeza da sua estatura, porque o tenho rejeitado; porque o Senhor não vê como vê o homem, pois o homem vê o que está diante dos olhos, porém o Senhor olha para o coração. (1 Samuel 16.7 – ACF)

Os homens, por mais que sejam íntimos de Deus, nunca conseguirão ver como o Criador. E é por isso que precisamos aprender a valorizar mais as palavras de Deus a nosso respeito do que as palavras e sentenças dos homens. Quanto mais abrirmos espaço para Ele nos dizer as verdades e confrontos que precisamos ouvir, mais tratados, sensíveis e aprovados seremos.

Estranhamente, temos mania de acreditar e valorizar demais a opinião dos outros, como se eles nos conhecessem mais do que o próprio Criador ou pudessem trazer novas perspectivas em suas avaliações a nosso respeito. Apenas

Ele enxerga as intenções do coração. É em razão disso que precisamos ter consciência de quem nós realmente somos, para não construirmos e acreditarmos em lendas. Deus nunca nos enviará para uma missão sem nos capacitar com tudo o que precisamos para executá-la. O nosso problema é que focamos demais no que os outros ou até mesmo nós pensamos a nosso respeito. Mas essa não é a verdade sobre nós. Nem mesmo nós sabemos quem somos de fato. Mas Deus, o nosso Criador, sabe, e Ele, mais do que ninguém, quer nos trazer a revelação de quem somos n'Ele, porque quando isso acontece, nos tornamos perigosos. Cristãos que sabem quem são fazem estragos no inferno. Escolha ouvir o que Deus está falando sobre você, porque essa é a sua identidade. O que você ou os outros pensam não importa. O que Deus diz é a verdade e Ele nunca mente.

Da mesma forma, é fundamental termos consciência de quem Deus é, e dos Seus planos para nós, porque só assim conseguiremos viver plenamente os Seus projetos aqui na Terra. Quanto mais crescemos na revelação de quem Deus é para nós, mais entenderemos que sem Ele não podemos ser e fazer o que Ele nos chamou. Os projetos de Deus para nós são incríveis, melhores do que nossos maiores sonhos. Jeremias 29 diz:

Porque sou eu que conheço os planos que tenho para vocês", diz o Senhor, "planos de fazê-los prosperar e não de lhes causar dano, planos de dar-lhes esperança e um futuro. (Jeremias 29.11)

Todos os planos e pensamentos de Deus a nosso respeito são projetos de paz, bondade e esperança, para conceder a prosperidade bíblica a cada um. E o melhor é que essa vida plena, com grandes realizações, fascínios, e cheia de propósitos com um destino bem definido, é uma vida que já foi projetada e escrita por Ele antes mesmo de nascermos:

Tu criaste o íntimo do meu ser e me teceste no ventre de minha mãe. Eu te louvo porque me fizeste de modo especial e admirável. Tuas obras são maravilhosas! Disso tenho plena certeza. Meus ossos não estavam escondidos de ti quando em secreto fui formado e entretecido como nas profundezas da terra. Os teus olhos viram o meu embrião; todos os dias determinados para mim foram escritos no teu livro antes de qualquer deles existir. Como são preciosos para mim os teus pensamentos, ó Deus! Como é grande a soma deles! (Salmos 139.1-17)

Como um roteirista, Deus escreveu verdades e projetou caminhos de bênçãos nos *scripts* de nossas vidas. Não somos obra do acaso. Não existem acidentes ou coincidências quando estamos n'Ele. Tudo foi milimetricamente calculado, e aquilo que, porventura, sai da rota previamente planejada por Deus, Ele dá um jeito de transformar em bem, porque Ele é bom e faz com que todas as coisas cooperem para o bem daqueles que O amam e são chamados segundo o Seu propósito (Romanos 8.28). Precisamos ter essa consciência. Consciência do que Deus tem, especialmente, para cada um de nós.

Eu amo o povo judeu. Amo a sua rica história de tradições, amo ir a Israel, visitar Jerusalém e conhecer mais sobre a linda cultura judaica. Mas, entre todas as coisas que me inspiram nesse povo, eu amo o fato de os judeus terem consciência de que são o povo escolhido de Deus. Por gerações e gerações, começando em Abraão, os seus antepassados transmitiam essa revelação de identidade, que, inclusive hoje, o povo judeu ainda acredita e vive piamente. Ninguém é capaz de mudar essa verdade para eles, porque além de estar interiorizado, eles decidiram, e continuam decidindo, não abrir mão desse ensinamento.

Não é à toa que, hoje, milhares de judeus no mundo

são milionários ou ocupam grandes cargos na sociedade. Nomes como Albert Einstein e Sigmund Freud são apenas alguns dos muitos exemplos de judeus que ajudaram a revolucionar e influenciar a História. O povo judeu, desde sempre, tomou posse e acreditou na promessa feita por Deus, e é em cima dela que eles têm espaço para crescer e prosperar, o que, infelizmente, muitas vezes não ocorre com os cristãos. Qualquer aperto, qualquer sombra de incerteza ou problema à vista, os fazem duvidar das promessas de Deus para eles. A dúvida é o grande inibidor do poder concentrado na fé. É necessário acreditar naquilo que Deus nos prometeu. Acreditar em Suas promessas expressas na Bíblia. É preciso acreditar na forma como Ele nos vê e no Seu gracioso planejamento de vida para nós. E, assim como os judeus, não abrir mão disso jamais.

Nós somos o Israel de Deus. Mesmo "gentios" de nascença, através de Jesus, nos tornamos circuncisos de coração, ou, em outras palavras, judeus espirituais. As promessas de Deus também se estendem para nós. Acredite no que Ele tem para você. Acredite no que Ele diz a seu respeito. Acredite em quem Ele é.

CONSCIÊNCIA DA GRAÇA

Por fim, precisamos entender que recebemos as promessas de Deus, não pelo que fazemos ou somos, mas por quem Ele é. Não falo apenas da salvação, pois ela é um ato exclusivo de Cristo Jesus concedido a todos os que creem n'Ele. Mas me refiro à vida abundante que Ele veio nos conceder. Aqui, em hipótese alguma, quero dizer que não devemos fazer a nossa parte, que temos de esperar acontecer ou recebermos de "mãos beijadas". Aliás, esse ensinamento não é bíblico. Em outras áreas ou circunstâncias da vida é preciso agir, afinal a fé sem obras é inválida. Entretanto, a salvação é um dom gratuito. O preço já foi pago por Jesus. Temos de reconhecer que, por méritos próprios, jamais encontraríamos a salvação, tampouco as muitas bênçãos que Ele planejou. Por isso, é necessário compreendermos o caminho da graça de Deus e trilhar apenas por ele.

A graça nos conduz das trevas para o Reino e para a maravilhosa luz de Deus. É preciso deixar que ela seja o condutor, a bússola, dessa caminhada. Apesar dos cargos, posições, escolhas e princípios que escolhemos ou fazemos, devemos manter sempre em mente que sem a capacitação que vem por meio da graça de Deus nada disso será relevante ou terá algum propósito. Na verdade, será inatingível. O homem por si mesmo não é capaz de cumprir toda a lei, o que significa que nós não podemos operar justiça, já que a justiça deveria vir pela lei. Entretanto, você e eu temos acesso à graça do Senhor, o favor imerecido, que tem o poder de nos salvar mediante a fé em Cristo. A graça é o dom que não requer pagamento, que não tem explicação, que vem de graça. É um presente divino, que não tem a ver com a nossa bondade ou merecimento, mas que revela o caráter do Deus que servimos: um Deus bom. Quanto mais entendimento temos acerca da graça, mais compreendemos quem Ele é e quem nós somos. Paulo, em sua segunda carta aos Coríntios, disse:

> Porque a nossa glória é esta: o testemunho da nossa consciência, de que, com santidade e sinceridade de Deus, não com sabedoria humana, mas, na graça divina, temos vivido no mundo e mais especialmente para convosco. (2 Coríntios 1.12 – ARA)

Viver em vitórias é mais do que viver apoiado em sabedoria e esforços humanos. É viver submerso na graça divina. E ter consciência dessa graça maravilhosa de Deus é libertador. Sempre acharemos culpa em nossas vidas. Sempre encontraremos erros em nossa caminhada. Somos imperfeitos, incompletos, devido ao pecado. Porém, a graça nos liberta, nos conserta e completa. A graça de Deus é o evangelho em ação. É somente pela graça que milhares, se não milhões, de pessoas no mundo inteiro sofrem verdadeiras metamorfoses humanas. Largam vícios, crimes, pecados e outras obras da carne e do inferno, e começam uma vida nova em Jesus. Isso é a graça!

Vejo muito isso. Poderia citar inúmeros casos de homens e mulheres que tiveram suas vidas radicalmente recomeçadas porque se encontraram com a graça de Deus. E esse encontro é imprescindível para o sucesso de alguém que deseja viver a vida em abundância prometida por Jesus.

Não é à toa que a música *Amazing Grace* tornou-se uma espécie de hino internacional oficial do cristianismo há tantos anos. Composta por John Newton, a canção inicia de uma forma extraordinária:

Maravilhosa graça! Como é doce o som.
Que salvou um miserável como eu!
Uma vez eu estava perdido, mas agora fui encontrado.
Estava cego, mas agora eu vejo.

Antes de sua conversão, John Newton foi um dos maiores traficantes de escravos da Inglaterra, no século XVII. Ficou muito rico. Depois de enfrentar uma gigantesca tempestade em alto mar, que quase levou o seu navio a afundar, percebeu "o quão frágil era" diante da natureza. Concluiu que só Deus e Sua graça poderiam tê-lo salvo. Newton se encontrou com a graça. A graça se encontrou com aquele pecador e, ali, ele teve consciência do quão miserável e maligna era sua condição de traficante. Assim, ele, que era um dos maiores traficantes de escravos do mundo, tornou-se pastor, músico e um dos maiores defensores do abolicionismo da Inglaterra em seu tempo. Seus escritos e relatos, bem como sua composição mais famosa, influenciaram abolicionistas em todo mundo. Inclusive, um jovem congressista inglês, chamado William Wilberforce, que, anos mais tarde, entrou para a História como o mais importante abolicionista da humanidade. A consciência da miserabilidade de Newton gerou a consciência da graça libertadora e transformadora de Deus, que, por sua vez, influenciou William Wilberforce.

No túmulo de Newton, lê-se: "John Newton, uma vez um infiel e libertino, um mercador de escravos na África, foi, pela misericórdia de nosso Senhor e Salvador Jesus Cristo, perdoado e inspirado a pregar a mesma fé que ele tinha se esforçado muito por destruir".

Basta um encontro com a graça para começarmos a ser transformados. Porque ela é escandalosa e nos faz reagir. Não conseguimos ficar apáticos diante dela. Ou decidimos andar no caminho de vida que ela trilhou ou optamos por seguir nossa própria estrada. Mas nunca conseguiremos ficar passivos.

Nós, cristãos, não podemos perder a consciência sobre o tipo de vida que Jesus nos prometeu. Ao se referir ao Diabo, o Mestre disse que ele veio para matar, roubar e destruir. Tudo aquilo que rouba, mata ou destrói nossas vidas, nos três aspectos (corpo, alma e espírito), sempre será uma ação satânica. Mas, no mesmo versículo, Jesus afirma: "Ele veio para que tenhamos vida". Não qualquer tipo de vida, mas vida em abundância. Qualidade de vida. E isso só conquistamos pela graça mediante a fé no Filho.

Antes de você ler o próximo capítulo, faça uma oração ao Senhor, pedindo que Sua infinita graça o capacite para aprender e colocar em prática cada degrau que virá à frente. Reconheça a sua realidade dependente d'Ele. Só assim você, de fato, estará preparado para viver uma vida em abundância.

CAPÍTULO 2
DESAFIOS

Você pode medir um líder pelo tamanho dos desafios que ele assume. Ele sempre procura algo do próprio tamanho.

John Maxwell

A vida é cheia de desafios. Na verdade, ela própria nos desafia. Da mesma forma, Deus também está constantemente nos desafiando e encorajando, até porque Ele sabe do que somos capazes, e mais, quer que tenhamos um caráter como o Seu. Se observarmos, os maiores homens e mulheres da Bíblia, todos eles, durante suas trajetórias, foram extremamente desafiados a serem melhores. Isso porque, sem provações, ou desafios, não temos como desenvolver o nosso caráter à semelhança de Cristo. E é por isso que os desafios precisam nos mover.

Todos temos um chamado especial de Deus, uma missão única e específica, e para cumprir esse chamado, precisamos aceitar os desafios que nos serão propostos pela vida e por Deus. Abraão foi desafiado a sair do conforto e segurança de sua casa para uma terra que Deus iria mostrar. Isaque foi desafiado a esperar a pessoa certa para se casar. José foi desafiado a permanecer firme nos princípios de Deus ante ao pecado. Moisés foi desafiado a confrontar Faraó. Davi foi desafiado a enfrentar um gigante, e durante toda a sua vida foi desafiado sucessivamente. Ainda muito jovem, Jeremias foi desafiado a pregar sobre os erros de seu povo bem como os demais profetas. Os primeiros apóstolos foram desafiados a mudar de ofício de forma radical. Paulo foi desafiado a largar sua ampla formação natural para uma formação espiritual muito maior. Veja, o desafio faz parte da vida de um vitorioso.

Você precisa enfrentar os desafios de sua vida. Precisa saber qual é o chamado específico de Deus para você. Porque Ele chama a Sua Igreja de forma coletiva, mas também chama Seus membros de forma específica e individual, e isso significa que todos teremos desafios pessoais. É impossível estarmos no centro da vontade de Deus e não enfrentarmos resistências. Porque os obstáculos são intrínsecos à caminhada, seja ela cristã ou não. A diferença está em Quem caminha conosco na jornada. Deus escolhe aproveitar qualquer situação que vivemos para nos tratar e fortalecer. Portanto, não reclame, não perca a esperança se hoje talvez a sua situação não é a que você gostaria, mas saiba que, mesmo as piores circunstâncias, Ele transformará em algo bom. E que alívio servir um Deus assim.

É claro que não podemos ser levianos e achar que somos super-heróis, invencíveis, blindados contra a dor e o fracasso. Isso não existe. Enquanto vivermos neste mundo caído, sofreremos dores, perdas, fracassos, nos sentiremos cansados e talvez até desanimados, mas Jesus nos alertou:

> Tenho-vos dito isto, para que em mim tenhais paz; no mundo tereis aflições, mas tende bom ânimo, eu venci o mundo. (João 16.33 – ACF)

Ele venceu o mundo. Por mais que não saibamos o que acontecerá de fato em nosso futuro, nós, cristãos, já temos a certeza do fim. Sabemos como a história termina. Quanto a isso, não existem dúvidas, meias verdades, nem mudança de planos. Deus já venceu e todos os que estão n'Ele também. E é exatamente por isso que não precisamos temer o futuro. Obviamente, não temos a certeza do que acontecerá em nossas vidas no ano que vem, mas, a cada dia que passa, percebo o quanto Deus é sábio por ter escolhido nos revelar tudo aos poucos. Reclamamos demais por muitas vezes não termos cem por cento de certeza a respeito do que acontecerá conosco durante nossa vida, mas imagine se Ele mostrasse que aos 35 anos você seria diagnosticado com câncer, mas que aos 40, pela graça de Deus, seria curado e testemunharia por onde você passasse. Imagine os detalhes, a pressão, como ficaria o psicológico, o emocional, a ansiedade, as pessoas ao seu redor, tudo.

Não temos estrutura para lidar com a plenitude das coisas, e Deus, por ser bom, escolhe não apenas trabalhar com processos, como também nos mostrar que a parceria com Ele sempre será a melhor opção. Confiar que Ele nos conhece, nos ama e já projetou um caminho bom para nós é a chave para uma vida abundante.

O problema é que muitos não estão dispostos a passar pelos processos. Pensam que a vida cristã é feita de ouvir cultos de domingo, aprender um monte de usos e costumes e afirmar ser evangélico no censo do IBGE. Mas não. Cristianismo é carregar a cruz. É escolher, diariamente, morrer para o mundo e viver a vida que Deus nos chamou para ter. Porém, não se esqueça: essa vida custará tudo de você. Viver de maneira integral o que Deus nos chamou exigirá esforço, lágrimas, orações, perseverança, disciplina, dependência e muito mais do que eu seria capaz de listar aqui. Entretanto, eu garanto, que nada no mundo o fará mais completo e feliz, porque foi exatamente para isso que você foi criado.

O chamado, ou missão pessoal, que cada ser humano tem aqui na Terra é exclusivo. O que existe em você é único e especial, mesmo que você partilhe de um dom em comum, como a habilidade de escrever ou cantar. Entretanto, a forma como você faz é só sua, singular. Ninguém pode escrever, cantar, cozinhar, liderar, trazer soluções matemáticas ou pintar como você. Outras pessoas podem ser boas nessas coisas também, mas nunca serão como você. Por isso, pare de se comparar. Existe beleza e poder em ser quem Deus gerou para ser.

Por outro lado, isso não quer dizer que somos melhores que ninguém. Apenas que somos especiais. Todos somos especiais. E o que nos faz ser assim é justamente não sermos iguais. Não existe competição, mas diversidade e individualidade. É tão triste quando nos comparamos e valorizamos mais o que os outros carregam do que aquilo de especial que Ele colocou em nós. Precisamos compreender a revelação de quem somos para sermos capazes de assumir quem Ele nos criou para ser.

E se você chegou até aqui e está se questionando se tem ou não algum talento, saiba: não há ninguém que tenha sido criado por Deus que não tenha talento inerente a sua natureza. Deus nos criou com talentos e personalidades específicas, e não há talento que Ele não possa usar com um propósito. Portanto, todos nós temos condições de ser vitoriosos e alcançar a vida em abundância prometida por Ele. Todos fazemos parte de um propósito maior.

MAS COMO IDENTIFICAR ESSE CHAMADO?

Existem coisas que são reveladas apenas para nós, e o chamado, na maioria das vezes, é assim. Deus nos chama interiormente e, com o decorrer do tempo e situações que vivemos, Ele traz a confirmação e convicção de que fomos chamados para uma área específica. Depois de muitas lutas, aprendizado e esforço, o chamado específico acontece. É um processo.

Davi foi ungido rei com cerca de 17 anos. José teve o

sonho de que governaria sobre sua casa com a mesma idade. Mas a trajetória de ambos demorou 13 anos para acontecer. Davi teve de lutar contra gigantes, exércitos, fugir da inveja do rei Saul, esconder-se em cavernas, esperar a morte do rei, para assim, tornar-se governante. José foi invejado, vendido como escravo, acusado injustamente de estupro, preso por anos, esquecido por quem ele havia ajudado, para depois ser lembrado e chamado por Faraó, e, assim, ao revelar o sonho que ele teve, tornar-se governante do Egito.

Ao ter consciência do chamado específico de Deus para nós, precisamos entender que as coisas não são automáticas, e sim parte de um processo estabelecido. Apenas descobrir o nosso chamado não é o bastante, precisamos estar dispostos a sermos tratados nos processos. E lembre-se: Deus não usa atalhos, mas caminhos.

Quando Jesus foi impelido pelo Espírito Santo ao deserto, no início de Seu ministério terreno, o Diabo se aproveitou de Sua situação humana, fragilizada pela fome e esgotamento físico, para tentá-lO. A última das propostas de Satanás a Jesus era um atalho. O Diabo O levou a um alto monte, onde mostrou todos os reinos do mundo, bem como seu esplendor, dizendo que tudo poderia ser d'Ele, bastava que Jesus o adorasse. Veja, o propósito do ministério de Jesus na Terra era restabelecer o domínio que o homem havia entregado a Satanás. Portanto, Jesus tinha uma opção. Ele não precisava sofrer na cruz, muito menos ser humilhado por homens insignificantes, extremamente inferiores a Ele, como foi. Mas o Filho sabia que Deus Pai tinha um caminho, e repreendeu não só Satanás, mas o atalho proposto, ao responder:

> Jesus lhe disse: Retire satanás! Pois está escrito: Adore o Senhor, o seu Deus, e só a Ele preste culto. (Mateus 4.10)

Ali, Jesus estava escolhendo o caminho da obediência. O caminho, e não o atalho.

Tive dois momentos marcantes em minha vida de desafios feitos por Deus. O primeiro ocorreu quando eu era bem jovem, em julho de 1997, e foi tão marcante que até hoje consigo me lembrar da maioria dos detalhes. Naquela noite, na varanda da casa dos meus pais, senti como se Deus me colocasse diante do grande desafio ministerial. Na verdade, não apenas senti, mas ouvi o som maravilhoso de "muitas águas". Fui desafiado e topei me aventurar com Ele naquela jornada. Desde então, prego a Palavra de Deus incansável e incondicionalmente. Já estive pregando em todas as regiões brasileiras, e também por diversas vezes nos Estados Unidos, em alguns países europeus, africanos e em Israel. E tenho absoluta certeza que este chamado e os desafios que ele traz consigo são para o resto de minha vida.

Outro desafio importante foi quando me convidaram para disputar as eleições municipais para o cargo de vereador em Goiânia, minha cidade, no ano de 2004. Naquela época, eu, um pastor de jovens ainda novo, que tinha alcançado um relativo sucesso ministerial, noivo de uma linda moça, e se preparando para o casamento, fui desafiado a sair da zona de conforto em que me encontrava. Relutante, topei, mais em obediência do que por vontade. Naquela eleição, fui o vereador mais votado da capital. Começava uma jornada de praticamente 15 anos, na qual, além de vereador, fui eleito e reeleito deputado estadual, chegando a presidir a Assembleia Legislativa goiana, e um mandato de deputado federal. Um desafio gigantesco, que me levou a estudar muito e a me relacionar com diversos tipos de pessoas, que contribuíram em conhecimento e sabedoria para a minha formação.

Nesses processos, aprendi que a melhor forma de confirmar o chamado de Deus é através do tempo. O tempo confirma o nosso chamado. Assim, ele, aliado com os nossos talentos naturais, é capaz de denunciar e nos trazer a certeza do que nascemos para ser e fazer. Outra lição que aprendi é que precisamos estar atentos aos sinais externos. Atribui-se ao Dr. Myles Munroe um ensinamento muito interessante sobre isso: "o seu chamado é aquilo que lhe causa indignação". E como isso é verdade. Quando ficamos indignados com algo, queremos fazer alguma coisa para mudar a situação. Por isso, fique atento aos sinais. O que o deixa indignado? O que o faz perder o sono? Pelo que o seu coração bate mais forte? Reflita, ponha as cartas na mesa e ligue os pontos.

Dentro disso, é necessário que entendamos algo: o chamado nos desafia! E todo desafio requer o abandono do nosso conforto. Só conseguiremos viver a abundância do Senhor em nossas vidas quando entendermos que a comodidade nos faz mal, pois a zona de conforto nos impede de agir de forma correta.

Sou filho de um pastor muito renomado e respeitado em todo o País. E, apesar de ter uma vida pública, poucas pessoas sabem o quanto a sua vida foi movida por grandes desafios que o fizeram chegar onde ele chegou. A primeira coisa que perdeu foi sua zona de conforto. No final da década de 70, ele era funcionário público. Porém, um novo governador tinha assumido em 1980 e exonerou todos os funcionários. Ao ficar sem emprego, ele se dedicou exclusivamente ao ministério. Se ele não tivesse sido exonerado, algo que com certeza lhe trouxe preocupação, com o advento da Constituição de 1988, ele teria sido efetivado. Dessa forma, teria se aposentado com todos os direitos que um servidor público brasileiro tem, mas, certamente, não teria se tornado o apóstolo que é hoje. Deus o fez abandonar a zona de conforto, assim como fez com Moisés. Quando crescido, o libertador vivia confortável como família de Faraó. Ao fugir para o deserto de Midiã, encontrou um novo lar, e, ao passar 40 anos de sua vida no deserto, aquele senhor, possivelmente, estava confortável com seu bom casamento, seu rebanho e com o amor de sua família. Até que Deus, de uma sarça ardente, o tirou de seu conforto para desafiá-lo a enfrentar Faraó. A zona de conforto será sempre um empecilho para os grandes desafios da vida.

Entretanto, para isso, é importante ressaltar também a necessidade de sabermos se o que estamos fazendo agora é, de fato, a vontade de Deus, ou seja, aquilo que fomos realmente chamados para fazer na Terra. Além de orar muito, pois só através de uma busca intensa por Deus, você conseguirá identificar o que Ele tem para você, há um teste muito interessante que meu amigo Tiago Brunet costuma responder quando alguém faz este tipo de pergunta para ele. "Se você ganhasse milhões de dólares na Mega Sena hoje, você continuaria fazendo o que você faz? Se a resposta for sim, o dinheiro não te modelou e é muito provável que você esteja cumprindo o desafio de Deus para sua vida".

Seja quem você for, um grande empresário ou investidor, um profissional liberal respeitado, um professor inspirador, um político revolucionário, um líder cristão, um pastor de renome ou um grande teólogo, jamais se esqueça de que você pode fazer inúmeros planos (e é essencial que faça), mas a resposta certa sempre será de Deus. É como o salmista revela em um de seus capítulos:

> Se o SENHOR não edificar a casa, em vão trabalham os que a edificam; se o SENHOR não guardar a cidade, em vão vigia a sentinela. Inútil vos será levantar de madrugada, repousar tarde, comer o pão de dores, pois assim dá ele aos seus amados o sono. ((Salmos 127.1-2 — ACF — grifo do autor)

Se Deus não estiver em seu projeto, ou melhor, se você não estiver no projeto de Deus, seu trabalho, esforço e dedicação terão sido em vão.

Entenda! Do mesmo jeito que não foi fácil para Moisés, Josué, José ou Davi chegarem onde chegaram, sendo desafiados e respondendo aos seus chamados, também não será fácil para você. Há gigantes vivendo em sua Terra Prometida que precisam ser vencidos para que você assuma as promessas. O maior desafio que você tem é enfrentá-los. Porém, acima de tudo, não se esqueça jamais: maior e mais importante é Aquele que está chamando do que o chamado em si. Foque na Pessoa de Deus, e saiba que nesse processo de conhecê-lO, o seu chamado será revelado, afinal Ele, mais do que ninguém, quer que você viva o que está preparado só para você.

CAPÍTULO 3
DISPOSIÇÃO

A ação não surge do pensamento, mas de uma disposição para assumir responsabilidades.

Dietrich Bonhoeffer

Talvez este seja um dos principais capítulos deste livro. Isso porque não adianta nada termos consciência da nossa realidade, do que precisamos mudar, do nosso entorno, e chamado, se não tivermos disposição para mudar, fazer acontecer, correr atrás, nos submeter e sermos verdadeiramente agentes de transformação em nossas vidas. Trata-se de uma decisão pessoal e interior, que é expressa exteriormente. Em outras palavras, precisamos ter a disposição necessária para fazer o que precisa ser feito.

Certa vez, ouvi o Pastor Silas Malafaia mencionar

uma frase que mexeu muito comigo: "Deus move Céus e Terra para fazer o que nós não conseguimos fazer, mas Ele não move uma palha para fazer o que nós conseguimos fazer. O que nos compete, nos compete e ponto-final.

Entendi isso de uma maneira diferente quando fui para Israel. Viajar para Israel é algo fantástico, que todo cristão deveria experimentar, e todo líder eclesiástico deveria ser desafiado a ir pelo menos uma vez. Mas para essa viagem inesquecível é preciso disposição para andar e andar muito. Cada sítio arqueológico, cada momento marcante e ponto histórico exige uma longa peregrinação. E a vida é assim também. Viver de forma abundante, prosperar segundo conceitos bíblicos, vencer independentemente das circunstâncias contrárias, exige de nós disposição. Disposição para lutar; disposição para ser invejado; para buscar ajuda; para perceber que estava errado e recalcular a rota, para perseverar, e começar de novo, se for o caso. É preciso disposição para sair da zona de conforto.

Sempre falamos de Abraão, mas nunca mencionamos seu pai, Terá. Até porque o exemplo de Terá, diferentemente de seu filho, não é um exemplo de fé e disposição. Entretanto, Gênesis também registra a trajetória de Terá, que saiu da região dos caldeus em direção a Canaã, mas parou no meio do caminho, em Harã, onde se estabeleceu com sua família. Ele não teve disposição de continuar pelo caminho e, assim, decidiu seguir o seu destino (Gênesis 11). Abraão, no entanto, ao ser chamado, se dispôs a obedecer e a sair da sua terra, da casa de seu pai e ir para uma região nova que Deus ainda lhe mostraria. A disposição de vencer e obedecer faz toda a diferença no caminhar. É essa mesma disposição que nos faz alcançar aquilo que foi reservado para nós.

Em Gênesis 13, Deus revela novamente a Abraão a Sua visão para ele:

> Disse o Senhor a Abrão, depois que Ló separou-se dele: De onde você está, olhe para o norte, para o sul, para o leste e para o oeste: toda a terra que você está vendo darei a você e à sua descendência para sempre. Tornarei a sua descendência tão numerosa como o pó da terra. Se for possível contar o pó da terra, também se poderá contar a sua descendência. Percorra esta terra de alto a baixo, de um lado a outro, porque eu a darei a você. (Gênesis 13.14-17)

Nesses versículos, Deus ensinou alguns princípios a Abraão; duas atitudes naturais que só competiam a ele:

1. OLHE A TERRA (TENHA VISÃO)

Deus prometeu que o alcance da visão de Abraão é o que seria concedido a ele e seus descendentes. É necessário ter uma visão ampla dos territórios que Deus quer que tomemos posse. Pois só assim, com uma noção global, saberemos como nos preparar e arquitetar as estratégias certas para conquistar esses territórios.

2. PERCORRA A TERRA, "DE ALTO A BAIXO, DE UM LADO A OUTRO"

Não basta só ter visão, é preciso ter também disposição para conhecer a terra. Visão sem disposição para percorrer a trajetória é apenas ilusão. O mesmo ocorreu com os doze homens enviados por Moisés para espiar a terra de Canaã. Todos eles viram que a terra era muito boa, e era, de fato, o lugar escolhido por Deus mostrado anos atrás a Abraão. Entretanto, ao repararem que nela havia povos de guerra e gigantes, dez dos espias se amedrontaram e disseram ao povo que não deveriam seguir na conquista. Apenas dois homens demonstraram disposição para enfrentar os desafios que viriam: Josué e Calebe. O resultado foi que daquela geração, apenas eles dois entraram e conquistaram a Terra Prometida.

Os demais espias, que contaminaram todo o povo com sua falta de disposição e fé, ficaram pelo caminho, vagando no deserto. Só a disposição nos leva para longe do deserto e nos conduz a viver na terra das promessas de Deus.

Outro "matador de gigantes", Davi, rei de Israel, que em seu tempo também era o mais importante governante mundial, começou sua famosa carreira de guerreiro e vencedor quando se dispôs a lutar contra Golias. Ninguém do exército israelita queria assumir aquela posição. Nem mesmo Saul e seus filhos queriam. Os maiores guerreiros de Israel estavam tomados de pavor diante daquele campeão gigantesco. Davi, por outro lado, não demonstrava medo, mas isso não significa que ele não tenha tido algumas preocupações ou até mesmo medo. Mas, ao ouvir a afronta do gigante contra o exército do Deus vivo, e ao saber da premiação prometida pelo rei, Davi se dispôs a lutar. E venceu.

Nem sempre estaremos prontos quando Deus nos chamar, mas, acredite, a nossa disposição faz toda a diferença. Quando Deus nos chama, Ele não é surpreendido pelo estado em que nos encontramos. Não importa se aos olhos humanos estamos prontos ou não, se Deus está nos chamando, Ele tem um plano e sabe o que é melhor, e tudo o que precisamos fazer é aceitar esse convite. Do resto, Ele cuidará. O mais incrível é que isso pode ser aprendido com o tempo. Ou seja, quanto mais fortalecermos a nossa disposição e fé, mais estaremos aptos para os desafios que virão a seguir. Assim como precisamos nos exercitar para fortalecer e tonificar nossos músculos, temos de nos exercitar em fé e disposição.

Você já foi para uma academia buscando melhorar seu visual ou ter mais saúde? Eu já. E ao meu ver, essa fase serviu apenas para que eu entendesse que não tenho vocação para ser um halterofilista. Prefiro as caminhadas. Entretanto, toda vez que me dispus a ir a uma academia, os instrutores sempre me orientavam a começar pegando poucos pesos, a fazer caminhadas ou corridas mais curtas na esteira, para, com o tempo, "aumentar a dose". A disposição funciona assim também. Não tente salvar o mundo inteiro em um único dia. A perseverança e o progresso só acontecem quando temos paciência para viver cada experiência de uma vez. Seja paciente consigo mesmo e com os outros. Vá devagar.

Comece exercitando sua disposição em pequenos desafios. Desafie-se a fazer um curso novo, a fazer algo especial na sua igreja local, a ajudar um parente em algo específico e por aí vai. Dessa maneira, você estará exercitando a sua disposição interna para os grandes desafios de sua vida profissional, emocional e espiritual, que serão muitos. Quanto mais forte for a sua disposição, melhor será o seu desempenho. Veja o que Salomão fala em sua grande sabedoria:

> O coração bem disposto é remédio eficiente, mas o espírito oprimido resseca os ossos. (Provérbios 17.22)

Agora, perceba o que Deus, através do profeta Isaías, disse ao seu povo:

> Se vocês estiverem dispostos a obedecer, comerão os melhores frutos desta terra; mas, se resistirem e se rebelarem, serão devorados pela espada. Pois o Senhor é quem fala! (Isaías 1.19-20)

A disposição é o que dá o *start* para o que viveremos de verdade. Entretanto, ela só é possível se tivermos ânimo. Somente o ânimo é capaz de nos dar disposição para enfrentar os desafios que aparecerem em nosso caminho. Nem sempre haverá ânimo. Muitas vezes, precisaremos ter disposição por fé, tendo a convicção daquilo que não estamos vendo ou sentindo, ou seja, sem ânimo. Mas com uma dose de ânimo, as coisas ficam melhores e a disposição vem mais fácil.

A Bíblia é simplesmente sensacional em todos os seus aspectos. Inspiradora, filosófica, literária, histórica e por aí vai a lista infinita de adjetivos. Mas quando registra as falas de Jesus, ela consegue ser ainda mais fantástica. Ouvir bons oradores, pregadores ou *coachings* da atualidade, pode ser extremamente educativo e incrível, mas imagine ouvir Jesus, o maior treinador, mentor, pregador e líder que o mundo já conheceu e escutou. As palavras de Jesus são poderosas em todos os sentidos, porque elas são vida.

Em João 16.33, como vimos, Jesus disse:

> Eu lhes disse essas coisas para que em mim vocês tenham paz. Neste mundo vocês terão aflições; contudo, tenham ânimo! Eu venci o mundo.

Jesus alertou que os cristãos passariam por aflições na vida. Mas, aos cristãos, Ele deixou o ensinamento: tenham bom ânimo. O bom ânimo, aqui, tem uma razão, pois Ele já venceu o mundo e as aflições contidas nele. O ânimo é o remédio que todos nós devemos tomar constantemente;

é o combustível que devemos encher os nossos corações. Precisamos de ânimo para vencer, acreditar, ter fé, lutar. O ânimo é precioso.

Mas talvez você esteja se perguntando: onde eu devo buscar ânimo? A maior fonte de ânimo é, sem dúvida, o Espírito Santo. Ele é o maior interessado em vê-lo animado e disposto. Em minhas palestras e pregações, costumo fazer uma comparação de nossas vidas com aparelhos celulares. Os aparelhos mais antigos, estilo "tijolos", conseguiam ficar ligados por muito mais tempo. Sua bateria era tão potente que permitia ao celular ficar ligado por vários dias consecutivos. Hoje, com todos os sistemas, aplicativos, e a imensa dependência que o homem passou a ter desse pequeno aparelho, a bateria da maioria dos celulares não dura nem um dia. Em questão de poucas horas, ela acaba e logo é preciso recarregá-la.

Com o agito e a ansiedade do homem contemporâneo, nossa bateria de ânimo também passou a acabar com mais facilidade do que antigamente. Em razão disso, como o aparelho de celular, precisamos nos recarregar.

Nessa comparação, a "tomada" exerce o papel de Deus, que é a fonte de toda energia. Em contrapartida, dela sai a energia em si, o Espírito Santo. Somos o "aparelho" que precisa o tempo todo ser recarregado e, para isso, precisamos de um "carregador de bateria", que, aqui, é representado pela Igreja. A Igreja de Cristo, como Seu corpo expresso, é o transmissor do Espírito Santo, o ânimo que tanto precisamos para nos "recarregar". Sem Ele e a Igreja não somos capazes de receber a carga de ânimo e disposição tão essenciais para nós.

Não é em vão que Jesus deixou uma mensagem para os cansados e desanimados: "Venham a mim!" (Mateus 11.28). Jesus convocou os desanimados para experimentarem ânimo e disposição reais, encontradas apenas em Seu Santo Espírito. O contexto daquela frase de Jesus era uma oração, que dizia:

> Eu te louvo, Pai, Senhor dos céus e da terra, porque escondeste estas coisas dos sábios e cultos, e as revelaste aos pequeninos. Sim, Pai, pois assim foi do teu agrado. Todas as coisas me foram entregues por meu Pai. Ninguém conhece o Filho a não ser o Pai, e ninguém conhece o Pai a não ser o Filho e aqueles a quem o Filho o quiser revelar. (Mateus 11.25-27)

É interessante notar que, antes de chamar os perdidos,

cansados, desanimados, e sobrecarregados, Jesus escolheu expressar o poder, sabedoria e soberania que estavam, e estão, n'Ele. Só então, Ele convidou:

> Venham a mim, todos os que estão cansados e sobrecarregados, e eu lhes darei descanso. Tomem sobre vocês o meu jugo e aprendam de mim, pois sou manso e humilde de coração, e vocês encontrarão descanso para as suas almas. Pois o meu jugo é suave e o meu fardo é leve. (Mateus 11.28-30)

O convite de Jesus não era para um alívio, mas para uma cura integral. Porque quando Jesus nos cura, Ele também nos liberta e nos usa de maneira completa. Nessa passagem, o Senhor propôs uma troca: "Tomem o meu jugo! Aprendam de mim! Recebam de mim!". Jugo é uma ferramenta de controle, geralmente usada para unir dois bois de forma que eles andem no mesmo compasso enquanto puxam o arado. Por isso, quando Jesus mencionou essa troca, a sua proposta era uma união de forças de modo que Ele tivesse liberdade de nos conduzir em amor. Só assim, juntos, poderíamos arar a terra para uma grande plantação e dar espaço para uma enorme colheita.

Diante disso, Isaías, o profeta mais messiânico do

Antigo Testamento, é usado pelo Espírito Santo para uma outra comparação fantástica:

> Será que você não sabe? Nunca ouviu falar? O Senhor é o Deus eterno, o Criador de toda a terra. Ele não se cansa nem fica exausto, sua sabedoria é insondável. Ele fortalece ao cansado e dá grande vigor ao que está sem forças. Até os jovens se cansam e ficam exaustos, e os moços tropeçam e caem; mas aqueles que esperam no Senhor renovam as suas forças. Voam bem alto como águias; correm e não ficam exaustos, andam e não se cansam. (Isaías 40.28-31)

Aqueles que esperam, confiam e se entregam ao Senhor, aceitando o convite de "vinde a Mim", têm suas forças renovadas, conseguem voar como águias e correr suas trajetórias sem ficarem exaustos ou cansados.

Sempre achei essa comparação com a águia maravilhosa. Ela é um dos animais mais belos e interessantes da natureza. Constrói seus ninhos no alto, alcança alturas inatingíveis no voo, se comparada com outras aves, além de chegar a uma velocidade de quase 100 km/h. Geralmente, possui um metro de comprimento, mas, quando abre as asas, com sua envergadura, dobra de tamanho. Isso sem mencionar sua visão, que é oito vezes mais precisa que a humana, facilitando, e muito, a caça, principalmente de cobras, sua maior presa.

Portanto, quando Deus compara o homem que é renovado por Ele com uma águia, Ele quer dizer que os que se achegam a Ele alcançarão níveis de voo extraordinários, uma expansão fantástica na visão e ainda serão caçadores de cobras.

Que plano fantástico Deus tem para você em vida. Por isso, como diria o autor de Hebreus, fortaleçam as suas mãos fracas e os seus joelhos vacilantes. Procurem caminhos retos (Hebreus 12.12-13) para que "o manco não se desvie, antes seja curado". O desânimo nos deixa mancos no caminhar. Porém, a disposição, cheia de ânimo do Espírito Santo, nos cura e dá acesso a um futuro brilhante.

CAPÍTULO 4
CONHECIMENTO

Pouco conhecimento faz com que as pessoas se sintam orgulhosas. Muito conhecimento, que se sintam humildes.

Leonardo da Vinci

Sabedoria, entendimento e conhecimento. Eis os principais temas do livro de Provérbios de Salomão. Acredito que se o homem mais sábio que já pisou nesta Terra, obviamente depois de Jesus, escolheu ressaltar três assuntos assim é porque eles devem ser realmente importantes. Ao longo do livro, é interessante perceber que o sábio rei fez uma distinção entre sabedoria, algo divino, e entendimento e conhecimento, que poderiam ser adquiridos, inclusive, comprados. Conhecimento, sabemos bem, pode e deve ser adquirido. Conseguimos conquistá-lo com o tempo, lendo bons livros, estudando, fazendo ótimos cursos e por aí vai.

Em nosso dia a dia, se formos pensar no diferencial que alguém pode ter em detrimento de outro no mercado de trabalho, por exemplo, o conhecimento adquirido é o que terá a palavra final, seja no quesito experiência de vida ou capacitação acadêmica. Porém, a falta de conhecimento não é prejudicial apenas no âmbito profissional, mas pode ser fatal na vida do homem como um todo: corpo, alma e espírito. Aliás, as Escrituras alertam que o povo de Deus é destruído quando há falta de conhecimento (Oséias 4.6).

A Bíblia nos afirma que a Palavra de Deus é a luz que clareia os nossos caminhos:

> A tua Palavra é lâmpada que ilumina os meus passos e luz que clareia o meu caminho. (Salmos 119.105)

Se desejamos ter conhecimento, precisamos estudar, mas não podemos nos esquecer que a Bíblia é a única que contém todas as verdades absolutas que precisamos. Dentro disso, vale mencionar também que nem sempre a ignorância diz respeito à falta de conhecimento, mas à ausência de verdade. O conhecimento humano por si só não é suficiente, apesar de importante. Isso porque, sem a verdade, mesmo onde há muito conhecimento, ainda existirá ignorância.

Em João 14, Jesus disse:

> ... Eu sou o caminho, e a verdade e a vida; ninguém vem ao Pai, senão por mim. (João 14.6 – ACF)

Jesus é a verdade que o mundo precisa para deixar a escuridão. Algo curioso a respeito das Escrituras é que a palavra luz, em alguns casos, no original hebraico, significa conhecimento. O que quer dizer que, biblicamente falando, o oposto de luz não é treva no sentido de escuridão, mas de ignorância. Agora, se sabemos que o Diabo é o pai da mentira e príncipe das trevas, podemos concluir que todo o seu reinado será apoiado na ignorância, ou mentira, que é o oposto da verdade. Deus é o mais interessado em que andemos no conhecimento. A Palavra diz:

> Falando novamente ao povo, Jesus disse: "Eu sou a luz do mundo. Quem me segue, nunca andará em trevas, mas terá a luz da vida". (João 8.12)

Cristo é o conhecimento revelado ao mundo, a luz que nos traz vida. Por isso, a busca pelo conhecimento deve sempre nortear a nossa caminhada, tanto academicamente quanto de Cristo.

Outra perspectiva interessante sobre esse assunto é a que Salomão traz em Provérbios 24:

> Com sabedoria se constrói a casa, e com discernimento se consolida. Pelo conhecimento os seus cômodos se enchem do que é precioso e agradável. O homem sábio é poderoso, e quem tem conhecimento aumenta a sua força. (Provérbios 24.3-5)

Deus nos dá a condição de construir e consolidar a nossa vida através da sabedoria e do discernimento, algo que Ele e o tempo nos concedem. Porém, é o conhecimento que nos enche e aumenta a nossa força diante de todos os desafios que enfrentaremos. Conhecimento é essencial.

Se há algo que todos os grandes homens e mulheres que passaram pela Terra têm em comum é a busca constante por conhecimento. Se você quer ser grande e alcançar os lugares altos da vida, busque adquirir o máximo de conhecimento que puder.

Eu nunca parei de estudar. Concluí três cursos

superiores e, enquanto escrevo este livro, faço uma pós-graduação e estou me preparando para participar de uma grande conferência de treinamento de líderes cristãos nos Estados Unidos, organizado pelos melhores pregadores da atualidade.

Minha esposa é ainda melhor exemplo do que eu. Além de ser uma pastora e conselheira fantástica, que sempre quer adquirir mais conhecimento teológico e espiritual, ela é médica com duas especialidades e diversos cursos, um deles, inclusive, da prestigiada Universidade de Harvard, nos Estados Unidos. Ela nunca parou de estudar e está sempre querendo se aperfeiçoar, profissional e ministerialmente.

MAS NA PRÁTICA, COMO ADQUIRIR CONHECIMENTO?

• LENDO BONS LIVROS

Existe uma infinidade de bons livros sobre qualquer assunto. Saber selecioná-los é fundamental, até porque através da leitura aprendemos muito. Inclusive, alguns deles são quase uma espécie de aula particular.

Como um leitor viciado que sou, a minha principal dica para encontrar bons livros é: selecione sempre pelo autor.

Quem ele é? Qual o seu currículo? O que ele já escreveu? Procure informações a respeito dele, não só na *internet*, mas principalmente com pessoas que já leram as obras dele.

    Adquiri o hábito da leitura ainda muito novo. E apesar de sempre ter gostado muito de ler, fui bastante incentivado pelos meus pais, que me presenteavam com gibis sempre que possível. Isso sem contar a Bíblia, que era o livro que eles mais me estimulavam a ler e amar. Na pré-adolescência, meu pai me deu de presente a coleção de livros juvenis de Frank Peretti: *The Cooper Kids Adventure* (As Aventuras dos Meninos Cooper, em tradução livre). Nessa fase, me encantei também com as famosas *As Crônicas de Nárnia*, de C.S. Lewis.

    Falo isso porque realmente acredito que os pais têm a obrigação de incentivar a leitura em seus filhos. Não só com voz de comando, mas também com o seu exemplo. Desde quando eram pequenos, tenho tentado ao máximo incentivar os meus filhos à leitura, e acredito que todos devam fazer o mesmo.

    Além disso, aprendi bem cedo também a ler jornais e revistas. A informação aumenta o nosso conhecimento e expande a nossa capacidade de pensar por nós mesmos. Não precisamos ser peritos em tudo, mas saber um pouco de tudo faz toda diferença. Portanto, leia tudo que possa somar ao seu conhecimento.

• FAZENDO BONS CURSOS

Outra forma especial de adquirir conhecimento é fazendo bons cursos em instituições sérias e reconhecidas. É melhor gastar um pouco mais com uma boa instituição onde há garantia de qualidade no curso, do que economizar e não aprender nada. Mas não se esqueça de procurar cursos voltados para o que você acredita ser sua vocação, seu chamado. Não atire para todos os lados. Tenha foco e se torne cada vez mais perito em sua área.

Estude e nunca pare de estudar. Ter uma formação acadêmica superior é extremamente fundamental e básico. Meu conselho para quem, independentemente do motivo, não tenha terminado uma formação superior é: faça. Não é tarde demais para você. Invista em conhecimento e aprimoramento daquilo que Deus colocou nas suas mãos. Hoje, existem infinitas facilidades no meio educacional, como o ensino a distância, já disponível em diversas universidades. Por outro lado, quando me refiro ao estudo, não resumo esse tópico apenas à formação superior.

Não podemos parar de estudar nunca. É necessário que sempre estejamos nos aperfeiçoando. Pós-graduações, cursos de extensão, cursos ministeriais e assim por diante. Tudo o que venha somar à sua formação de liderança, profissional e como pessoa é bem-vindo e deve ser bem utilizado.

• TENHA DISCIPLINA

Ter disciplina é crucial na busca pelo conhecimento, e em tudo o que fazemos na vida. Mas no caso dos estudos, precisamos de tempo para refletir, ler, ouvir, estudar e assimilar aquele conteúdo novo. Conhecimento vem através do tempo gasto com ele.

Para isso, é fundamental nos organizarmos e bloquearmos as distrações. Não permita que você se distraia dos seus objetivos nessa corrida pelo conhecimento. Algo que sempre me incentiva quando penso a respeito dos estudos é que o conhecimento adquirido é para a vida inteira. Isso me faz focar ainda mais e até sacrificar certas coisas que eu gostaria de fazer momentaneamente, porque entendo os benefícios que isso me trará em todas as áreas. Entretanto, como tudo o que é saudável, precisamos ter equilíbrio e impor limites. Lembre-se: o mais importante sempre tem que vir em primeiro lugar: Deus, família e ministério.

Uma história que ilustra muito bem esse conceito é a de Michael Jordan, o maior jogador de basquete do mundo. Há um tempo, tive o privilégio de assisti-lo jogar, e, tanto para mim quanto para os fãs de basquete que estavam presentes, aquela sensação foi indescritível. Mesmo quando criança, acompanhava os lances de Jordan, seus saltos, que mais pareciam voos, além de sua maestria com a bola. Aquele homem era simplesmente sensacional.

Porém, ele ficou conhecido por mais do que apenas sua habilidade e talento em campo. Jordan tinha disciplina. Desde garoto, ele era o que mais treinava entre todos os seus amigos. Ele treinava muito e o tempo inteiro. Quando entrou para o Chicago Bulls, seu time, ele continuava treinando mais do que qualquer um de seus companheiros. "Temos que ser fiéis aos nossos planos. Não existem atalhos", disse certa vez. E ele está certo. Sem disciplina ficaremos sempre estacionados na mediocridade. Depende de nós, nos superarmos, enfrentarmos os desafios, reagirmos e corrermos atrás do futuro que Deus já nos prometeu.

Da mesma forma, Tiger Woods, o maior jogador de golfe de todos os tempos, quando entrevistado por um jornalista que lhe perguntou se ele havia tido sorte no esporte, respondeu: "Quanto mais eu treino, mais sorte eu tenho" e completou: "Eu tive sorte, mas só depois que comecei a treinar dez horas por dia".

Disciplina. Sem ela, não chegaremos muito longe. Se queremos ser extraordinários, precisamos entender que não existe mágica. Existe esforço, sacrifício e luta. A disciplina incomum nos leva a ser pessoas incomuns.

• PESSOAS QUE TÊM CONHECIMENTO

Uma pessoa só pode dar o que ela tem. Ninguém é capaz de dar, ensinar ou passar para outra pessoa algo que não tem. Um professor, por exemplo, só consegue ensinar o que ele sabe. Por isso, procure conviver com pessoas que tenham o que ensinar para você. Beba do conhecimento deles e esteja sempre aberto para aprender.

Muitas vezes, a forma mais eficaz de aprendizado que teremos na vida não será em uma aula, mas convivendo com pessoas que tenham conhecimento para passar.

Jesus é o maior exemplo disso. O *Rabi* educava através de Suas pregações e aulas em particular, porém também discipulava e ensinava com o Seu exemplo e estilo de vida.

Por esse motivo, para estabelecer o cristianismo, escolheu doze homens, que durante um pouco mais de três anos, não só O ouviam, mas aprendiam com o que viam. Eles dormiam e se alimentavam com Jesus. Riam de Suas anedotas, compartilhavam suas vidas entre si e passavam o tempo inteiro juntos. O resultado foi, literalmente, a divisão da História da humanidade.

É inevitável, todos que interagem conosco, de alguma forma, nos influenciam. Cuidado com as más influências. Afaste-se delas. Porque a Palavra nos alerta que as más companhias destroem os bons costumes, roubam a nossa fé, eliminam o nosso ânimo e nos afastam de Deus, a fonte de todo conhecimento e sabedoria.

Em contrapartida, os bons amigos sempre somam em nossas vidas. Se hoje você percebe que algumas amizades têm gerado divisão ou subtração, repense, pois os relacionamentos precisam nos fazer crescer, chegar mais perto de Jesus e evoluir. Pense nisso.

Por último, tome muito cuidado com os inimigos do conhecimento. O teólogo John Stott costumava dizer que: "não há maior obstáculo ao conhecimento do que o orgulho, e nenhuma condição mais essencial do que a humildade". O professor mundialmente conhecido, que, até seu último dia de vida, foi o conselheiro espiritual da rainha Elizabeth II, sabia bem o que falava. O orgulho é um dos grandes inimigos do conhecimento. Isso porque uma pessoa orgulhosa não consegue enxergar o quão necessitado de conhecimento ela é. O orgulho cega. Já, um coração humilde, sempre estará disposto a aprender mais. Salomão já ensinava:

> Confie no Senhor de todo o seu coração e não se apoie em seu próprio entendimento; reconheça o Senhor em todos os seus caminhos, e ele endireitará as suas veredas. Não seja sábio aos seus próprios olhos; tema ao Senhor e evite o mal.
> (Provérbios 3.5-7)

Só um coração humilde é capaz de confiar ao Senhor o caminho do seu conhecimento. Só um coração humilde reconhece a necessidade do Senhor em todas as suas escolhas. E somente esse mesmo coração humilde compreende que o "seu entendimento" pessoal ou "sua própria sabedoria", longe da fonte do conhecimento e sabedoria que é Deus, não tem valor algum.

Portanto, estude. Seja disciplinado, corra atrás, seja melhor, coloque o Senhor à frente dos seus planos, pois, como diria um famoso filósofo brasileiro: *é tempo para o conhecimento.*

CAPÍTULO 5
RESILIÊNCIA

Já caí inúmeras vezes, achando que não iria me reerguer, já me reergui inúmeras vezes achando que não cairia mais.

Clarice Lispector

De acordo com a maioria dos dicionários, resiliência é a capacidade de voltar ao seu estado natural, principalmente após alguma situação crítica e fora do comum. Já para a psicologia, é a aptidão que uma pessoa tem ao lidar com seus próprios problemas, vencer obstáculos e não ceder à pressão, seja qual for a situação. O termo, porém, vem da Física, consistindo na resistência que os materiais apresentam quando são expostos a um choque ou percussão.

Portanto, adaptando à nossa realidade, resiliência

é a arte de resistir às pressões, adaptar-se às mudanças, retendo o que é bom e desprezando o que é ruim. Ela não é apenas importante, mas fundamental para quem deseja ter uma vida em abundância.

Pessoalmente, tenho uma característica muito forte: não consigo ser omisso. Sanguíneo, estou sempre disposto ao trabalho, a ajudar pessoas e a fazer as coisas acontecerem. Mas, é evidente, nem sempre essa minha natureza funciona e, com isso, pelo fato de eu ser muito disposto, acabo atraindo mais pressão para a minha vida. Entenda, não existe vida sem pressão. A pressão faz parte de nossa jornada. A vida não é fácil para ninguém, mas pessoas que possuem o meu temperamento colaboram para que mais pressões venham. Então, por causa disso, tive de aprender a ser resiliente, a me adaptar.

Precisamos ser resilientes quando tudo ou quase tudo estiver dando errado, como também quando tudo ou quase tudo estiver dando certo. Sim, precisamos ser resilientes no sucesso. Por exemplo, ganhar muito dinheiro não é errado. Mas amar o dinheiro sim, uma vez que o amor a ele é a raiz de todos os males. Querer ficar rico sem um propósito afinado com a vontade de Deus pode levar alguém "a cair em tentação, cilada, e em muitas concupiscências insensatas e perniciosas, as quais afogam os homens na ruína e perdição", conforme Paulo instruiu seu aprendiz Timóteo (1 Timóteo 6.9). Portanto, devemos ser resilientes, inclusive ao ganhar muito dinheiro, dando a ele o seu devido valor e importância. Somos mordomos, administradores. Não podemos ser levados pela cobiça, correndo o risco de nos desviarmos da fé e sermos atormentados com muitas dores (1 Timóteo 6.10b).

O QUE É NECESSÁRIO PARA SERMOS RESILIENTES?

O primeiro passo é confiar em Deus. Crer em Seu cuidado. Entregar o seu caminho a Ele, e ter a certeza de que Ele fará tudo perfeito no tempo certo. Disciplinar-se na fé, com oração, leitura bíblica e busca diária pela presença de Deus, fará com que a sua alma seja fortalecida e, assim, você consiga resistir nos tempos difíceis e se adaptar quando for necessário.

A maior forma de expressão de adoração que podemos tributar a Deus é a nossa confiança n'Ele. Canções podem ser cantadas, textos podem ser escritos, mas a confiança irrestrita em Deus sempre será a nossa maior demonstração de adoração e submissão à Sua vontade.

Muitas vezes, somos testados nessa confiança, e quando isso acontece, é preciso confiar mesmo receosos. Em alguns momentos, o nosso único apoio será a fé descrita em Hebreus 1.1: "a certeza do que esperamos e a convicção do que não vemos". Mas essa é a vida que devemos trilhar. Não andamos pelo que vemos, mas por fé.

Você acha que foi fácil para Noé construir uma embarcação gigantesca, que demorou décadas, em uma terra seca, cheia de promiscuidade e ainda permanecer fiel anunciando um dilúvio? Pensa que foi fácil para Abraão sair do conforto de sua parentela para andar sem rumo, para uma terra que Deus ainda iria mostrar? Acreditar que seria pai na velhice?

Pedro andou sobre as águas na direção de Jesus porque confiava n'Ele. E mesmo quando começou a afundar, ele continuou confiando, pois apesar da força dos ventos e do mar, clamou ao Mestre por socorro. Existe muito poder na confiança em Deus.

O segundo passo necessário para sermos resilientes é esperar o momento certo para agir. Não tome decisões por impulso, no calor do momento. Sempre considere o futuro nas decisões, e não apenas o presente.

Algo muito interessante que eu aprendi é que

existem três situações na vida em que jamais podemos tomar decisões sérias:

1. Quando você está muito cansado.
2. Quando você está muito nervoso.
3. Quando você está muito entristecido.

Provavelmente, qualquer decisão que você tomar nessas circunstâncias será equivocada. Saber o tempo certo de agir também é resiliência. Pedro ensina que devemos nos humilhar debaixo da mão poderosa de Deus porque, Ele, no momento oportuno, nos exaltará. Há o tempo oportuno para agirmos. Seja resiliente, espere a hora certa.

José teve de aprender na prática a resiliência. Vendido como escravo por seus irmãos invejosos, ele teve de se adaptar à vida de servo. Porém, Deus era com ele e potencializou suas habilidades, a ponto de torná-lo administrador de toda casa e renda de seu senhor, Potifar, comandante do exército egípcio. Depois de um tempo, acusado de forma injusta pela mulher de Potifar, foi levado para a prisão, onde, mais uma vez, se adaptou e assumiu a gerência do lugar.

A resiliência de José o fez forte para suportar qualquer pressão. Quando ele saiu da prisão, Faraó nomeou-o governador de todo o seu império. José estava forte, habilidoso e sábio o suficiente para aquela empreitada.

Nos momentos mais difíceis de nossas vidas, somos levados à resiliência. O psiquiatra e escritor Augusto Cury diz: "Ser feliz não é ter uma vida perfeita, mas usar as lágrimas para irrigar a tolerância. Usar as perdas para refinar a paciência. Usar as falhas para esculpir a serenidade. Usar a dor para lapidar o prazer. Usar os obstáculos para abrir as janelas da inteligência". Isso é resiliência.

Para mim, Paulo é um dos grandes exemplos de liderança. Sua experiência e ensinamento não são apenas aproveitados na Igreja, onde foi escolhido como doutrinador. Os ensinos e exemplo de vida de Paulo podem abençoar qualquer área da vida, inclusive o mundo corporativo. E, em sua segunda carta aos Coríntios, ele dá uma lição sobre resiliência:

> Não damos motivo de escândalo a ninguém, em circunstância alguma, para que o nosso ministério não caia em descrédito. Ao contrário, como servos de Deus, recomendamo-nos de todas as formas: em muita perseverança; em sofrimentos, privações e tristezas; em açoites, prisões e tumultos; em trabalhos árduos, noites sem dormir e jejuns; em pureza, conhecimento, paciência e bondade; no Espírito Santo

e no amor sincero; na palavra da verdade e no poder de Deus; com as armas da justiça, quer de ataque, quer de defesa; por honra e por desonra; por difamação e por boa fama; tidos por enganadores, sendo verdadeiros; como desconhecidos, apesar de bem conhecidos; como morrendo, mas eis que vivemos; espancados, mas não mortos; entristecidos, mas sempre alegres; pobres, mas enriquecendo muitos outros; nada tendo, mas possuindo tudo. (2 Coríntios 6.3-10)

Em Filipenses, reforça:

Mas o que, para mim, era lucro, isto considerei perda por causa de Cristo. (Filipenses 3.7)

Não estou dizendo isso porque esteja necessitado, pois aprendi a adaptar-me a toda e qualquer circunstância. Sei o que é passar necessidade e sei o que é ter fartura. Aprendi o segredo de viver contente em toda e qualquer situação, seja bem alimentado, seja com fome, tendo muito, ou passando necessidade. (Filipenses 4.11-12)

E em 1 Coríntios 9.19-23:

Porque, embora seja livre de todos, fiz-me escravo de todos, para ganhar o maior número possível de pessoas. Tornei-me judeu para os judeus, a fim de ganhar os judeus. Para os que estão debaixo da Lei, tornei-me como se estivesse sujeito à Lei (embora eu mesmo não esteja debaixo da Lei), a fim de ganhar os que estão debaixo da Lei. Para os que estão sem lei, tornei-me como sem lei (embora não esteja livre da lei de Deus, e sim sob a lei de Cristo), a fim de ganhar os que não têm a Lei. Para com os fracos tornei-me fraco, para ganhar os fracos. Tornei-me tudo para com todos, para de alguma forma salvar alguns. Faço tudo isso por causa do evangelho, para ser co-participante dele.

Entendo como resiliência a capacidade que temos de lidar com problemas, limitações e fraquezas, aprendendo com os erros ou situações que aconteceram, nos adaptando a novos ambientes ou realidades. E isso conquistamos com uma boa dose de autoconhecimento, desenvolvendo emoções inteligentes, controladas, e valorizando o que tem de melhor em sua personalidade e talento. Refletindo, analisando, buscando em Deus sabedoria e direção, o resiliente sempre achará saída para as diversas situações que a vida o desafia. E é isso o que Paulo nos mostra nesses textos.

Uma frase que meu pai me ensinou é: "Aprenda a viver contente com o que você tem, mas não contentado". Alegre-se e cultive o que você já conquistou; saiba administrar, zelar e cuidar, porque, assim, você estará formando em si mesmo a resiliência para conquistar o que sonha para o futuro. Ou seja, em tudo saímos ganhando. Já que absorvemos tudo e podemos aprender com tudo.

Moisés aprendeu a administrar uma nação quando fez parte da corte do Egito. José aprendeu administrar na casa de Potifar e, assim, ao assumir a posição de governador, sabia o que fazer. Davi, antes de ser rei, foi escudeiro de outro rei, aprendendo a arte da administração de um país. Seja resiliente, aprenda e vença.

A resiliência é uma escola. Mas também uma escolha. Com ela, aprendemos a enfrentar as dificuldades diárias sem perdermos nossa essência interior. Quanto mais adquirimos a capacidade de ser resilientes, mais proativos e assertivos seremos. Não haverá obstáculos que não possamos vencer e tirar alguma lição.

No início de seu livro, o profeta Miquéias, de acordo com a versão bíblica *A Mensagem*, comparou-se a um coiote (Miquéias 1.8). O texto diz: "...é por isso que vivo como um coiote e não paro de gemer". O profeta vivia em uma época extremamente corrupta, na qual imperava uma grande divisão de classe. Pior, os ricos, proprietários de terra, exploravam a miséria do povo e tinham, inclusive, o apoio dos governantes e religiosos por meio de suborno. No entanto, Miquéias profetizava a destruição deles, apontando também os seus abusos e erros. Ele enfrentou homens extremamente poderosos e perigosos, e justamente em razão disso, comparou-se a um coiote.

O coiote é considerado um animal altamente adaptável. Por isso, ele é encontrado em muitas regiões extremamente diferentes, como florestas, desertos, pradarias, montanhas e planícies. Ele é carnívoro, mas para sobreviver também se alimenta de frutas e vegetação. Na verdade, esse animal consegue adaptar a sua alimentação de acordo com as condições do lugar em que ele vive, o que só prova a qualidade de sua resiliência, que é tão fenomenal que contribui até mesmo na preservação de sua espécie. Foi por isso que Miquéias se comparou com esse animal. Devemos ser resilientes como o profeta e os coiotes.

Walt Disney foi demitido de seu emprego no jornal *Kansas City Star*, porque "ele não tinha imaginação e boas ideias". Os professores de Thomas Edison disseram que ele era "muito estúpido para aprender alguma coisa". E, só depois de mais de 10.000 tentativas falhas, conseguiu inventar uma lâmpada comercialmente viável. Abraham Lincoln, com 23 anos, pleiteou um cargo político e perdeu. Aos 32, foi derrotado em uma eleição para o legislativo estadual e teve um sério colapso nervoso aos 36. Também perdeu a eleição para o Congresso aos 43, 46, 48 anos, além de ter fracassado na disputa para o Senado aos 55 e aos 58 anos. Como se não bastasse, fracassou também na eleição para vice-presidente aos 56 anos. Entretanto, aos 60 anos, conquistou a presidência dos Estados Unidos, sendo reeleito quatro anos depois, tornando-se o mais importante presidente da história daquela nação.

O que todos eles têm em comum? Resiliência. Todas essas pessoas são exemplos fantásticos de coiotes, que, em suas épocas e áreas, revolucionaram e trouxeram suas nações e o mundo. Hoje, você tem a escolha de se tornar ou não um coiote. Não é tarde demais. Mas, saiba, isso só depende de você.

CAPÍTULO 6
BONS RELACIONAMENTOS

Se você quer crescer, suba. Associe-se com pessoas cujas realizações superam as suas e modelam o crescimento que você deseja.

John Maxwell

Com certeza, você já ouviu falar sobre a importância do *network* na vida de um profissional ou líder. *Network* nada mais é do que uma rede de relacionamentos. Porém, isso não se restringe a uma parcela da sociedade. Todos devem ter e desenvolver cada vez mais suas redes de relacionamentos, sejam elas profissionais, pessoais, ministeriais e por aí vai. Até porque o ser humano não foi criado para viver sozinho, mas para se relacionar, primeiramente com Deus, e depois com as pessoas ao seu redor e ambiente em que ele vive. Já dizia Salomão:

> É melhor ter companhia do que estar sozinho, porque maior é a recompensa do trabalho de duas pessoas. Se um cair, o amigo pode ajudá-lo a levantar-se. Mas pobre do homem que cai e não tem quem o ajude a levantar-se!
> (Eclesiastes 4.9-10)

Somos seres relacionais e, como disse anteriormente, todas as pessoas que se relacionam conosco, de alguma forma, nos influenciam; algumas mais, outras menos; algumas positivamente, outras negativamente. O segredo para construir um bom *network* é focar nas alianças com pessoas que extraiam o melhor de você, que o façam crescer e que digam a verdade a você. Saber escolher quem caminha ao seu lado, e identificar quais relacionamentos são positivos e quais são negativos, é basilar para o sucesso em qualquer área de sua vida.

Falo por mim. Devo muito aos bons relacionamentos que a vida me proporcionou. Sou extremamente grato às pessoas queridas que me abençoaram e contribuíram para o meu crescimento e formação. Mas também sou grato pelos relacionamentos ruins que marcaram a minha trajetória: pessoas que me decepcionaram, me enganaram e que não mereciam a minha amizade. Mas, por pior que tenham sido todas essas decepções, traições e tristezas, elas também foram de grande valia na construção de quem eu sou. Relacionamentos sempre nos ensinam algo. Entretanto, se não tomarmos cuidado, os maus relacionamentos podem nos destruir. Somos nós que precisamos nos posicionar e impedir com que esses relacionamentos nos consumam e matem. Portanto, é nossa responsabilidade discernir os nossos relacionamentos, e decidir nos afastar daqueles que são nocivos. Busque estar perto de pessoas que acreditem e amem você, e queiram vê-lo voar. Bons relacionamentos não são apenas necessários em nossa caminhada, mas cruciais.

DISCERNINDO OS RELACIONAMENTOS

Sabemos que bons relacionamentos são essenciais para o crescimento e amadurecimento pessoal, profissional e ministerial de cada um. Aliás, eles podem ser verdadeiras molas propulsoras para o nosso sucesso. Entretanto, é preciso discernimento de espíritos para identificá-los, e inteligência emocional para escolhê-los e cultivá-los.

Discernimento de espíritos é um dos dons do Espírito Santo. Como os demais, esse dom é concedido por Deus, quando O buscamos, "visando um fim proveitoso" para os que recebem (1 Coríntios 12.7b). Isso quer dizer que nenhum dos dons é dado sem uma intenção. Deus dá conforme a Sua vontade, mas para cumprir um propósito, assim como tudo o que Ele faz.

Através do discernimento espiritual, somos capazes de revelar a identidade dos espíritos: os espíritos malignos, o Espírito de Deus e o espírito do homem. Sim, mesmo que de maneira superficial, muitas pessoas conseguem distinguir entre as ações de Deus e de Satanás, mas também precisamos aprender a discernir o espírito do homem, que se manifesta quando o Diabo se esconde por detrás de espíritos humanos doentes, enganadores, infiéis, vingativos, amargurados, dissimulados, dominadores, presunçosos e assim por diante. Além disso, algumas vezes, os homens acabam se unindo voluntariamente com espíritos malignos para obter suas vontades.

Especificamente sobre relacionamentos, por meio desse dom, conseguimos perceber se as intenções de quem convivemos são boas ou ruins. Alguns sinais que nos ajudam a peneirar os relacionamentos e perceber se eles são nocivos são:

1. Pessoas que falam mal dos outros, mesmo que não de você. Lembre-se: um dia chegará a sua vez.

2. Pessoas que só veem defeito e nunca qualidade.

3. Pessoas negativas e pessimistas com a vida.

4. Pessoas que cobiçam o que os outros têm, sempre demonstrando interesse, em especial, em bens materiais.

5. Pessoas que nunca o elogiam e sempre desmerecem você, desqualificando-o, ressaltando os seus defeitos e inventando outros.

6. Pessoas que, quando estão por perto, o deixam para baixo, mal. Roubam a sua alegria e fé.

7. Pessoas que mentem mesmo nas pequenas coisas. Não se esqueça: quem mente no pouco se aproxima do muito.

8. Pessoas que usam palavreado de baixo calão.

9. Pessoas que não se comportam como deveriam ou com a maturidade própria de suas idades – inclusive mais velhos.

Em Provérbios 22, Salomão disse:

> Não se associe com quem vive de mau humor, nem ande em companhia de quem facilmente se ira; do contrário você acabará imitando essa conduta e cairá em armadilha mortal. (Provérbios 22.24-25)

Somam-se a isso pessoas que não têm o que acrescentar em nossa vida, que não são instrumentos de edificação para nada. Pessoas que reduzem a nossa vida à mesma mediocridade que a delas.

Fora esses, há também aqueles que vêm para roubar a nossa fé, nossas crenças, valores, princípios, nossa determinação em crescer, nos desenvolver e sermos alguém. Quando Jairo, o sumo sacerdote da sinagoga de Cafarnaum, procurou Jesus para curar sua filha, ele o fez porque tinha fé no poder do Salvador. Ele levou o Mestre para sua casa, debaixo da palavra de Jesus de que ainda havia tempo de reverter a morte, mesmo com os inúmeros sinais contrários. Ao chegar à casa de Jairo, e ver os muitos conhecidos da família chorando, Jesus afirmou que eles não precisavam reagir daquela forma, porque Ele reverteria a situação. Não demorou muito para que aquelas pessoas mudassem o semblante e começassem a zombar de Jesus, do que Ele falou e de Jairo, por acreditar naquele Homem.

O que o Mestre fez? Pediu que todos saíssem dali, permanecendo em casa apenas os discípulos que O acompanhavam, Jairo e sua esposa. Assim, Jesus fez o milagre, ressuscitando a garota. Isso porque aquelas pessoas estavam roubando a fé dos pais da criança, e quem rouba ou zomba da sua fé não serve para ser seu amigo.

Por outro lado, como já mencionei, não podemos viver sozinhos na vida. Sozinhos não conseguimos chegar a lugar nenhum. Todos precisamos de relacionamentos para o nosso próprio desenvolvimento. Na Bíblia, há vários exemplos desses relacionamentos. Josué e Calebe, Daniel e seus amigos, Paulo e Barnabé, Pedro e seus companheiros pescadores, que depois se tornaram colegas de ministério. O rei Davi também teve um círculo de amigos fantásticos. Aliás, eles eram chamados de valentes de Davi. Em sua corte, havia também os profetas e os sacerdotes que o influenciavam de forma positiva. Mas, antes de ser rei, Davi teve um amigo que impactou sua vida de maneira muito especial. Seu nome era Jônatas. Há uma passagem bíblica que nos revela isso com muita clareza:

> E Jônatas e Davi fizeram aliança; porque Jônatas o amava como à sua própria alma. E Jônatas se despojou da capa que trazia sobre si, e a deu a Davi, como também as suas vestes, até a sua espada, e o seu arco, e o seu cinto. (1 Samuel 18.3-4 – ACF)

Perceba os princípios nesse texto. Davi havia

chegado apenas com suas roupas de camponês, de pastor de ovelhas. Ele não tinha vestimentas adequadas para estar na corte real, porém, de imediato, Jônatas decidiu ajudá-lo em sua necessidade natural. Os amigos de verdade nos ajudam no que necessitamos. Jônatas, não dado por satisfeito, ainda deu-lhe sua espada, arco e cinto. Ele sabia que Davi não tinha armas pessoais de guerra, apenas o seu cajado de pastor e uma funda. Milagrosamente, foi apenas disso que ele precisou para vencer Golias, entretanto, a partir daquele momento, ele havia se tornado membro do exército e precisava de armas. Jônatas deu-lhe as armas que ele precisava. Bons relacionamentos sempre acrescentam algo positivo em nossa trajetória. Concedem-nos ferramentas, armas, apoio e muito mais. Amigos nos ajudam a estarmos preparados para as batalhas da vida. E, acima de tudo, fazem isso porque nos amam, assim como Jônatas, que amou seu amigo Davi. A aliança entre eles foi tão forte que durou até mesmo depois da morte de Jônatas.

Os bons relacionamentos são prazerosos, proporcionam momentos benéficos e inesquecíveis, acrescentam esperança, paz, amor, e nos fortalecem emocionalmente. O problema é que muitas vezes nos permitimos ser sugados ou enfraquecidos por algumas amizades, porque pensamos que temos a obrigação de nos submeter a essas relações, mas não temos. Estabelecer e entender os seus limites é primordial para uma vida saudável em quaisquer instâncias do nosso dia a dia.

A vida por si só já é muito corrida, escolha investir tempo com pessoas que valham a pena, e que você invista em si mesmo, de tal maneira que também seja uma pessoa que vale a pena ter por perto. Seja você um bom amigo também.

Acho interessante e muito sábia a forma como Salomão discorre sobre a amizade:

> O amigo ama em todos os momentos; é um irmão na adversidade. (Provérbios 17.17)

São nos momentos de lutas e necessidades que descobrimos quem são nossos verdadeiros amigos. Não precisamos ser amigos de todo mundo. O próprio Jesus tinha os 12 discípulos e, entre eles, havia três que eram ainda mais próximos. Escolher com quem dividimos a caminhada é uma das coisas mais inteligentes e poderosas que podemos fazer por nós mesmos, afinal não temos de compartilhar o nosso coração com todo mundo. Apenas os amigos de verdade são capazes de celebrar genuinamente as nossas conquistas, chorar e nos consolar em nossos sofrimentos, e nos dizer a verdade, mesmo que isso doa. Porque é isso o que o amor faz.

Dê valor aos que são seus amigos de verdade. Invista neles e permita que eles invistam em você. Escolha passar tempo com eles mensal ou semanalmente, e esteja aberto para cultivar histórias e memórias com eles. E quando estiver ali, esteja ali. Não foque no horário de ir embora ou nos afazeres que precisa realizar, preocupe-se em estar presente e apreciar o que vocês têm construído juntos.

Ainda sobre relacionamentos, Jim Rohn, um famoso empreendedor, autor e palestrante motivacional, cunhou uma das frases mais conhecidas no mercado de desenvolvimento pessoal: "Você é a média das cinco pessoas com quem passa mais tempo". E embora ela não tenha sido cientificamente provada, essa frase é muito aceita e nos leva a refletir profundamente a respeito de nossos relacionamentos. Se somos os mais inteligentes e bem-sucedidos em todas as rodas de amizade que temos, algo está errado. Pare para pensar. Você já considerou o quanto as pessoas que estão ao seu redor podem, ou já estão, afetando o seu futuro em todos os sentidos? A amizade é um tema tão sério, que, em alguns casos, pode destruir a nossa autoestima, cultura, princípios, valores e, até mesmo, a nossa vida.

"Diga-me com quem andas que te direi quem és", costumávamos ouvir quando éramos crianças. E como essa frase é verdadeira. Pode ser que hoje ainda não somos como as pessoas que andamos, porém, certamente, nos tornaremos como elas, porque é impossível nos relacionarmos profundamente com alguém e não sermos influenciados por ela. É por isso que precisamos, o máximo possível, estar envolvidos com bons relacionamentos, afinal:

> Aquele que anda com os sábios será cada vez mais sábio, mas o companheiro dos tolos acabará mal. (Provérbios 13.20)

CAPÍTULO 7
MENTORIA

A maior habilidade de um líder é desenvolver habilidades extraordinárias em pessoas comuns.

Abraham Lincoln

Confesso que estava ansioso para chegar neste capítulo. Falar sobre mentoria é uma das minhas grandes paixões. Prego e estudo muito sobre isso, especialmente na Bíblia, porque entendo que um dos grandes princípios de sucesso e de crescimento em todas as áreas da vida de uma pessoa é a mentoria correta.

Como vimos, ninguém consegue caminhar e evoluir sozinho. Precisamos de relacionamentos saudáveis que nos desafiem e extraiam o melhor de nós, e isso, além dos amigos certos, tem tudo a ver com mentoria. Sem um mentor, um exemplo a seguir, alguém que o oriente, interceda por você e que seja uma inspiração para a sua vida, é praticamente impossível conseguir avançar. Mentoria é algo fundamental. Sejam os nossos pais, avós, pastores, pessoas mais experientes e sábias, professores e assim por diante, para todas as fases de nossas vidas, precisamos de mentores que nos ensinarão os pensamentos e posicionamentos certos para destravar o que é requerido de nós em cada estação.

Na Palavra de Deus, encontramos exemplos clássicos de cobertura espiritual e pais na fé. E por mais que eu valorize muito a paternidade espiritual, o meu foco aqui é o crescimento em todas as áreas, portanto darei ênfase à mentoria e à figura do mentor em si.

Moisés e Josué, Noemi e Rute, Mordecai e Ester, Elias e Eliseu, Paulo e Timóteo são apenas alguns dos exemplos bíblicos de mentores e mentoriados. Se repararmos, todos esses homens e mulheres, por darem ouvidos a seus mentores, foram bem-sucedidos e alcançaram os seus propósitos. O bom mentor é aquele que foca seus ensinamentos visando o crescimento completo do indivíduo: corpo, alma e espírito.

Isso é claro, por exemplo, no relacionamento entre Paulo e Timóteo, que era chamado carinhosamente por aquele como "verdadeiro filho na fé". Neste capítulo, apego-me à primeira epístola que Paulo escreveu a seu pupilo para ilustrar princípios de mentoria e, desse modo, ajudá-lo a escolher um bom ou bons mentores, e/ou se afastar de maus mentores que podem estar influenciando negativamente a sua vida.

FOCO

Paulo ensinou a Timóteo a focar no que realmente valia a pena para o seu crescimento. No capítulo 4, especificamente, ele ensina ao jovem Timóteo a não ser negligente com o dom que havia recebido, aconselhando-o a aplicar-se em leitura, no ensino e exortação dos membros da igreja que pastoreava. Paulo também ensinou-lhe a concentrar sua vida "na justiça, na piedade, na fé, no amor, na constância e na mansidão" e, assim, combater o bom combate. Além disso, através da carta, Timóteo aprendeu que deveria rejeitar "fábulas profanas", e que a piedade deveria ser exercitada mais do que o exercício físico. Paulo ensinava foco.

O bom mentor ajuda você a focar naquilo que realmente importa para o seu crescimento.

PROCEDIMENTO

Paulo também ensinou ao seu aprendiz a como proceder em seu ministério. Ele o instruiu a como tratar as mulheres, os mais velhos, como cuidar das viúvas que eram mantidas pela igreja, como proceder com as autoridades seculares, como proceder com os líderes que o cercavam e assim por diante.

O apóstolo orientou a Timóteo que não deveria deixar-se ser desprezado por causa de sua pouca idade. Antes, deveria ser padrão para os demais, na palavra, na fé, na pureza e no procedimento. Na carta, também encontramos orientações firmes sobre finanças: o perigo de amar o dinheiro, de permitir que o orgulho tome conta de seu coração, de confiar "na instabilidade da riqueza".

O mentor nos ajuda ensinando como proceder em diversas situações da vida. Por meio de sua experiência, sabedoria e estudo, ele pode nos mostrar como caminhar por trajetos que, para nós, são inéditos ou que fizemos da forma equivocada.

PREPARAR PARA O FUTURO

Meu pai me ensinou que há um grande problema

com a juventude: pensar apenas no presente e esquecer de se preocupar com o futuro. Um bom mentor ensina a cuidar do presente, mas também a se preparar com o futuro.

Paulo fazia isso com Timóteo. É por esse motivo que no capítulo 4 também encontramos exortações sobre o futuro. Timóteo deveria estar preparado. Além do mais, na segunda carta, no capítulo 3, também encontramos exortações nesse sentido. O futuro precisa nos interessar tanto quanto o presente, não podemos desprezá-lo.

FORMAR EQUIPE

Em todas as cartas de Paulo, percebemos uma preocupação do apóstolo com as equipes que cuidavam das igrejas as quais ele endereçava suas epístolas. Sobre ele, pesavam as preocupações e, muitas vezes, até problemas que aconteciam em cada localidade. Em razão disso, Paulo entendia a importância do desenvolvimento das equipes, treinamentos e formação de líderes. E ele ensinava isso a Timóteo. Enviou-lhe várias cartas aconselhando-o a melhor maneira de formar sua equipe de bispos e diáconos, como valorizar o ensino e as pessoas, e como afastar quem seria um problema em sua equipe ou vida.

O mentor certo forma líderes e os ajuda a constituir sua equipe. Ele ensina o que sabe.

O MENTOR DEMONSTRA PREOCUPAÇÕES PESSOAIS

O mentor se importa com o seu "mentorado", preocupa-se com ele. Por isso, quer sempre estar informado, seja sobre as lutas e dificuldades, seja sobre as vitórias e glórias. Paulo se preocupava com a saúde de Timóteo, ao ponto de orientá-lo a beber "um pouco de vinho", muito usado como remédio naquela época.

O bom mentor realmente se preocupa com você, com o seu aprendizado, com o seu desempenho e crescimento, além de se importar com o seu sucesso nos três níveis: natural, emocional e espiritual.

Não existe competição de um com o outro, o salário e realização do mentor estão em assistir o seu mentoriado se dando bem. Aliás, conseguimos saber se um mentor é bom ou não observando a quantidade de frutos que seu mentoriado produz. O aprendiz precisa, necessariamente, ir além do que seu mentor foi. Esse é um ótimo indicativo para saber o quão bom é um mentor ou não.

A respeito de mentoria, quero expor ainda dois

aspectos. Primeiro, é preciso deixar claro que, da mesma forma que há mentores que são bênçãos para nós, há mentores que são maldições. O profeta Balaão é um exemplo disso. Na época de Moisés, ele foi um mentor que levou o povo de Israel a se perder. O livro de Apocalipse, inclusive, menciona sobre ele e revela que ele conseguiu desviar o povo através de ciladas. Maus mentores são emboscadas bem armadas em sua trajetória.

Se você não escolher bem os seus mentores e seguir um mau mentor, infelizmente, o seu caminho será de destruição. Ou, nas palavras de Jesus, você pode estar sendo guiado por um cego para um precipício.

Entretanto, há pessoas que possuem bons mentores, mas que, apesar de dedicados, são desprezados por seus mentoriados. A Bíblia ilustra essa verdade ao contar a história do rei Joás, que tinha um mentor chamado Joiada, que o orientava desde criança. Enquanto Joiada foi mentor de Joás, este fez "o que era reto perante o Senhor". Porém, quando Joiada morreu, Zacarias, seu filho, foi levantado por Deus em seu lugar. Quando Zacarias exortou Joás por um erro que ele estava cometendo, o rei não o ouviu, e mais do que isso, assassinou o profeta. O resultado foi a morte de Joás devido a uma conspiração de seus próprios súditos, depois de ter perdido uma guerra contra os sírios.

Outro rei que desprezou os ensinamentos de seu mentor foi Saul. Samuel deveria ser o seu orientador, mas poucas direções que o profeta deu ao rei foram obedecidas. A consequência foi o desprezado reinado de Saul por ele não ter seguido as orientações de seu mentor.

Já Davi teve Natã como mentor, e seguia suas instruções. Além do mais, Davi pôde ser o mentor de seu filho, Salomão, que também teve Natã como mentor. O sucesso deles em vida também poderia ser creditado aos seus mentores.

Josué só foi Josué porque teve Moisés como mentor. Eliseu só foi Eliseu porque teve Elias como mentor. Ester só se tornou rainha e protetora do povo judeu, porque teve Mordecai como mentor. Os primeiros apóstolos só revolucionaram o mundo e a humanidade porque tiveram consigo o Mentor dos mentores: Jesus.

E, neste último e maior exemplo, termino este capítulo afirmando: o bom resultado da mentoria só será alcançado se você tiver e seguir as instruções de um bom mentor, não apenas na teoria, mas também na prática. Ele não pode ser somente um pregador, mas precisa viver o que prega e pelo que prega. Jesus é a nossa maior referência, o nosso maior exemplo e maior mentor. Para que a escolha do melhor mentor seja bem-sucedida, basta perceber se esse mentor que você deseja para si parece-se com Cristo.

Deus tem me dado o privilégio de ser mentor no crescimento de diversas pessoas. Acompanho um grupo bem heterogêneo, formado por líderes, pastores, professores universitários, cientistas, pesquisadores, advogados, membros do Ministério Público, juízes, secretários e assessores do Poder Executivo, membros do Poder Legislativo, profissionais liberais distintos e pessoas simples, que na sua simplicidade encontram grandeza. Ver o crescimento dessas pessoas incríveis, em todas as três esferas humanas (corpo, alma e espírito), tem sido uma verdadeira realização para mim. Comemoro as suas vitórias e estou junto em suas derrotas e momentos de tristeza. A alegria deles tem sido a minha alegria. O choro deles, o meu choro. E, dentro disso, tenho entendido cada vez mais que o verdadeiro mentor bíblico coloca em prática o ensinamento de Paulo:

> Alegrem-se com os que se alegram; chorem com os que choram. (Romanos 12.15)

Entretanto, mais do que isso, a minha principal missão como mentor é ministrar Jesus e ensinar sobre Ele. Não há privilégio maior do que ser discípulo de Cristo e ensinar outros a também o serem. Portanto, lembre-se sempre: o seu mentor precisa se parecer com Jesus.

CAPÍTULO 8
INTELIGÊNCIA NAS EMOÇÕES

A primeira pessoa que você lidera é a si próprio.

John Maxwell

Eu amo ler. Atualmente, costumo ler uma média de dois livros por mês e, sempre que posso, incentivo os que estão perto de mim a fazerem o mesmo. Isso porque esse vício, que me acompanhou desde a infância, traz a mim benefícios incalculáveis até hoje. O curioso é que, mesmo ainda muito novo, um dos primeiros livros seculares que li foi *Inteligência Emocional*, de Daniel Goleman, obra a qual mencionarei bastante neste capítulo.

Confesso que tinha muita dificuldade de entender o que aquele livro cheio de teorias, gráficos e pesquisas dizia, mas, na época, concentrava-me na ideia de ser inteligente emocionalmente. Hoje, consigo compreender com mais profundidade o que o jornalista e professor Goleman escreveu naquele *best-seller*, porém, mesmo com toda a teoria, que pode assustar no primeiro momento, a mensagem continua a mesma: precisamos ser inteligentes em nossas emoções.

De acordo com Goleman, a inteligência emocional pode ser subdivida em cinco habilidades específicas: autoconhecimento emocional, controle emocional, automotivação, empatia e desenvolvimento de relações interpessoais (habilidades sociais).

Em 1990, portanto, antes de Goleman, os psicólogos Peter Salovey e John Mayer escreveram um artigo sobre inteligência emocional, definindo essa expressão como "o subconjunto de inteligência social que envolve a capacidade de monitorar sentimentos e emoções pessoais e dos outros, discriminar entre eles, e usar essa informação para guiar pensamentos e ações".

É evidente que não restringirei o meu rápido estudo aos ensinamentos do professor Goleman, mas acho justo e importante citá-los, da mesma forma que devo citar quem primeiro tratou deste aspecto. Entretanto, o meu foco é usar a Bíblia para nos desenvolver, inclusive em nossas emoções.

Acredite, atualmente, para ser um vencedor, é mais importante ser emocionalmente inteligente do que ter altos níveis de quociente de inteligência (Q.I.). Isso, aliás, foi comprovado cientificamente. O próprio Daniel Goleman discorreu a respeito afirmando que o Q.I. contribui com 20% do sucesso em nossa vida, ao passo que o quociente emocional (Q.E.) contribui com 80%. Como Goleman descreveu: "autocontrole emocional e empatia podem ser habilidades mais valiosas do que aptidões meramente cognitivas".

Por outro lado, Tiago Brunet, no livro *Emoções Inteligentes*, tem uma frase muito interessante que explica: "A inteligência emocional nada mais é do que aquilo que a inteligência bíblica chama de 'fruto do Espírito'...". E que verdade reconfortante!

Paulo, em sua carta aos gálatas, diz:

> Mas o fruto do Espírito é amor, alegria, paz, paciência, amabilidade, bondade, fidelidade, mansidão e domínio próprio. Contra essas coisas não há lei. (Gálatas 5.22-23)

Eis um verdadeiro coquetel para transformar suas emoções em emoções inteligentes. Uma vida repleta de amor, alegria e paz, encontra caminhos que outros não alcançam. Consegue chegar onde a maioria não foi. Daí a grande importância que os pais têm no desenvolvimento emocional de uma criança. Quanto mais amor, alegria e paz uma criança absorver, mais emocionalmente inteligente ela será.

Paciência é outro princípio primordial para a vida de qualquer pessoa que queira ser vencedora. Neste livro, abordamos não apenas a importância de como agir, mas também o tempo certo de agir. Demonstrar paciência comprova níveis elevados de maturidade e também dependência de Deus. A amabilidade e a bondade expressas por alguém também tem fundamento no caráter divino.

Fidelidade, não só para com as pessoas, mas também para com os seus princípios e missão, é primordial para desenvolvermos emoções inteligentes. Mansidão e domínio próprio remetem ao autocontrole e também são imprescindíveis nesse processo de amaruderecimento de nossas emoções.

Uma das histórias bíblicas que mais remete à liderança, pelo menos em minha opinião, é a passagem que relata o naufrágio do barco em que Paulo estava sendo levado para Roma. O controle emocional, o domínio próprio, a mansidão e a sagacidade de Paulo em meio às adversidades foi algo fantástico. O apóstolo incentivou os tripulantes a comerem, orientou os marinheiros e soldados, manteve acesa a esperança de toda a tripulação e ainda mostrou o que todos no barco deveriam fazer. Que extraordinário! Paulo tinha domínio próprio. Ele tinha emoções inteligentes.

Dentro dessa temática, separei alguns pontos para ajudá-lo no fortalecimento de suas emoções:

1. ASSUMA O CONTROLE DE SUAS EMOÇÕES

Muitos se perdem ou sucumbem porque não controlam o seu emocional, e pior, permitem que ele os controlem, o que, na verdade, só revela o tamanho do quadro de descontrole emocional.

É necessário tomar as rédeas de suas emoções. Sentimentos podem ser mentirosos, como diz o profeta Jeremias: "o coração é enganoso e muito corrupto". As emoções conseguem corromper a nossa própria verdade. Para isso, você precisa identificar os sentimentos que o estão prejudicando e aqueles que o estão ajudando, separar em suas emoções o "joio do trigo" e, assim, começar uma limpeza em sua alma.

Um exemplo de sentimento que pode ser extremamente nocivo e destruidor é o medo. A minha mãe, uma psicóloga e pastora muito conceituada, ensinou-me algo quando eu ainda era criança, que nunca saiu da minha cabeça. Ela dizia: "Sabe como se vence o medo? Desobedecendo-o!". Quando você identifica emoções prejudiciais, precisa tratá-las e se posicionar de maneira consciente a combater as mentiras causadas por elas.

Assim como na parábola do "joio e do trigo", algumas vezes as emoções negativas crescem junto com as positivas, e precisamos acompanhar o seu crescimento para identificar o seu potencial. Sendo negativa, ao ceifar, você deverá separar e jogar no fogo. Sim, queime de sua vida o que emocionalmente está fazendo mal a você. E cultive ainda mais o que existe de bom.

2. MINISTRE SOBRE A SUA VIDA

Outra coisa que aprendi com minha mãe é ministrar sobre a minha própria vida. Não estou falando de pensamento positivo ou repetições de mantras. Não acho que o caminho seja esse, mas acredito que devemos ministrar e declarar sobre nós mesmos as bênçãos contidas na Bíblia. Observe como o salmista ministra sobre a sua vida:

> Por que você está assim tão triste, ó minha alma? Por que está assim tão perturbada dentro de mim? Ponha a sua esperança em Deus! Pois ainda o louvarei; ele é o meu Salvador e o meu Deus. (Salmos 42.11)

Ele ministra sobre a sua alma. Davi traz à memória aquilo que lhe podia trazer esperança. E é exatamente isso o que devemos fazer, afinal todas as mensagens e promessas bíblicas estão aptas para serem ministradas sobre nós.

Por exemplo, você acha que não consegue fazer alguma coisa? Lembre-se e declare: *Posso todas as coisas em Deus que me fortalece*. Ministre sobre sua vida e de sua família as verdades bíblicas, e as mentiras mundanas e do Diabo desaparecerão de sua mente.

3. DESENVOLVA HÁBITOS INTELIGENTES

A maioria dos escritores e estudiosos concordam com alguns hábitos que podem nos ajudar a desenvolver a inteligência emocional: aprender a dizer não; responder, em vez de reagir fisicamente; impor limites para nós mesmos e para os que estão à nossa volta; bem como o hábito da leitura, ajudam, e muito.

Da mesma forma, é importante cuidarmos do nosso corpo, pois ele expressa o que temos internamente, e vice-versa. Por isso, recomenda-se tanto a caminhada ao ar livre. Tenho esse hábito quando preciso refletir sobre algo ou estabilizar as minhas emoções. Não falo de caminhada como exercício físico apenas, mas de ir a pé ao trabalho ou passear na praça que fica perto da minha casa.

Além disso, vale ressaltar também: aumente sua autoconfiança. Acredite em você! Assim, você desenvolverá na mente a capacidade necessária de gerir momentos de crises, superar dificuldades, ressaltando suas qualidades e talentos.

4. PROCURE AJUDA

Uma pessoa inteligente reconhece que precisa de ajuda quando necessário. Não pedir ajuda é permenecer escravo de emoções que podem trucidá-lo.

A Palavra nos afirma que o Diabo vem para roubar, matar e destruir. E existem problemas que são verdadeiros "diabos" em nossas emoções, prontos para roubar nossa paz, matar nossos sonhos e destruir as nossas vidas.

Se você precisa de ajuda, não hesite em procurar um especialista. Isso é uma característica de pessoas inteligentes, que querem estar preparadas para o futuro. Existem profissionais capacitados para ajudá-lo a desenvolver suas emoções, fortalecer a sua inteligência emocional diante de traumas, situações do presente ou do passado, e até mesmo identificar e tratar desordens hormonais e bioquímicas que podem estar afetando sua saúde emocional. Você não é um super-herói. Não tente fazer tudo sozinho. Busque auxílio.

5. PROCURE APRENDER MAIS SOBRE O ASSUNTO

Aprenda mais sobre inteligência emocional. Estude a respeito. Leia bons livros de autores consagrados, de preferência que tragam verdades bíblicas também.

Desenvolva o seu potencial emocional através das ferramentas disponíveis. Não fique parado sem exercitar as suas emoções de forma positiva. Há um ditado popular que diz: "Mente vazia, oficina do Diabo". E esse provérbio tem certa razão. Quando não ocupamos a mente com coisas boas, deixamos espaços vagos para coisas ruins.

6. *CARPE DIEM*

Com toda certeza, você já deve ter ouvido a expressão em latim *Carpe Diem*. Essa frase tem origem em um poema de Horácio, um poeta romano de antes de Cristo, e é popularmente traduzida como *aproveite o dia* ou *aproveite o momento*. Ela é utilizada como um conselho, na tentativa de que se evite gastar tempo com coisas inúteis ou que não trarão prazer ainda hoje.

Para desenvolvermos inteligência emocional, precisamos aproveitar o que a vida tem de melhor para oferecer hoje. Construa uma família e viva intensamente a vida com ela. Junte dinheiro para sustentá-la, mas não esqueça de viajar com ela para aproveitar finais de semana, feriados e férias. Vá a um bom restaurante com seu cônjuge. Jogue boliche com os seus filhos. Programe algo diferente para fazer com seus amigos. Tenha um *hobby*. Seja humano!

Não deixe de aproveitar o hoje por estar preocupado demais com o futuro. Por outro lado, é imprudente também se atentar apenas ao presente, sem se planejar para o futuro. Tenha equilíbrio em tudo. Mas nunca se esqueça: o mais importante para desenvolvermos emoções inteligentes é focar nossas vidas na Fonte de sabedoria e inteligência.

> O temor do Senhor é o princípio da sabedoria, e o conhecimento do Santo é entendimento. (Provérbios 9.10)

> O temor do Senhor ensina a sabedoria. (Provérbios 15.33a)

> O Espírito do Senhor repousará sobre ele, o Espírito que dá sabedoria e entendimento, o Espírito que traz conselho e poder, o Espírito que dá conhecimento e temor do Senhor. (Isaías 11.2)

> Peço que o Deus de nosso Senhor Jesus Cristo, o glorioso Pai, lhes dê espírito de sabedoria e de revelação, no pleno conhecimento dele. (Efésios 1.17)

Deus é a Fonte de toda a sabedoria e inteligência emocional. N'Ele você deve e pode confiar as suas emoções. Mas só conseguimos confiar em alguém quando somos amigos dessa pessoa, quando temos um relacionamento com ela. E é nesse relacionamento que precisamos focar se quisermos nos desenvolver como pessoas. Em Deus, temos acesso, nas regiões celestiais, a todas as bênçãos, inclusive às emoções inteligentes, basta pedirmos, conforme Tiago nos ensina:

> Se algum de vocês tem falta de sabedoria, peça-a a Deus, que a todos dá livremente, de boa vontade; e lhe será

concedida. Peça-a, porém, com fé, sem duvidar, pois aquele que duvida é semelhante à onda do mar, levada e agitada pelo vento. (Tiago 1.5-6)

Vivemos em um mundo extremamente complexo, agitado, exigente, em que as regras e a pressão são por resultados rápidos, que se aproximem da "perfeição". É um mundo em que os padrões são altos e os princípios baixos. Um mundo que constantemente ataca as nossas emoções. E Satanás, sabendo disso, encontrou uma forma eficaz de minar os cristãos através do ataque e fragilização de suas emoções. Infelizmente, cada vez mais, os índices de depressão, distúrbios emocionais, como pânico e transtornos psíquicos, têm assolado a sociedade e a Igreja. É assustador o número de cristãos e líderes religiosos que recorrem ao suicídio numa tentativa de fugir de suas dores.

Portanto, cuidar de suas emoções é a coisa mais inteligente que você pode e deve fazer. Antes de reconstruir Jerusalém e seu Templo, Neemias reconstruiu as muralhas em volta da cidade. As muralhas serviam de proteção contra ataques de exércitos inimigos, bandos de ladrões e de animais ferozes. Uma cidade sem muros não tinha nenhuma proteção naquela época.

Observe o que Neemias fala aos seus companheiros:

> Então eu lhes disse: Vocês estão vendo a situação terrível em que estamos: Jerusalém está em ruínas, e suas portas foram destruídas pelo fogo. Venham, vamos reconstruir o muro de Jerusalém, para que não fiquemos mais nesta situação humilhante. Também lhes contei como Deus tinha sido bondoso comigo e o que o rei me tinha dito. Eles responderam: "Sim, vamos começar a reconstrução". E se encorajaram para esse bom projeto. (Neemias 2.17-18)

Neemias sabia que precisava primeiro reconstruir os muros de proteção de Jerusalém para depois reconstruir a cidade. Eu e você precisamos construir muros que protejam as nossas emoções antes mesmo de reconstruí-las, caso seja necessário. É claro que Neemias teve oposição. Da mesma forma, o Diabo fará de tudo para que você não se proteja de suas investidas. Ele enviará "Sambalate e Tobias" para se aproveitarem de suas fragilidades, escravizarem suas emoções e, principalmente, desanimá-lo em sua estratégia de erguer os muros. Mas, como Neemias, devemos manter o nosso propósito firme, ainda que estejamos vulneráveis e feridos.

Sobre emoções feridas, costumo me lembrar sempre da história da mulher do fluxo de sangue, descrita no evangelho de Marcos. Essa mulher sofria com aquela enfermidade há doze anos, e já havia gasto todos os seus recursos com médicos, sem que nada adiantasse. Mulheres em sua condição, pelas leis judaicas, eram tidas como imundas, por isso, deveriam viver à margem da sociedade, habitando, inclusive, em casas afastadas, delatando para todos a sua real condição.

Um dia, porém, aquela mulher soube que Jesus passaria por sua cidade. Ela havia ouvido falar sobre Ele e colocou em seu coração que, se ao menos tocasse em Suas vestes, ela poderia ser curada. Ela, então, desprezada e repudiada pela sociedade, decidiu ir contra todos os padrões e expectativas das pessoas, e, enfiando-se no meio da multidão, espremeu-se e tocou nas vestes de Jesus. Naquele momento, duas coisas aconteceram. A primeira é que ela foi completamente curada. E a segunda é a pergunta que Jesus fez e que pegou até mesmo os seus discípulos de surpresa: "Quem me tocou? De mim saiu poder".

É engraçado pensarmos que o Deus onisciente decidiu perguntar aquilo, afinal de contas Ele sabia bem quem havia tocado em Suas vestes. Sabia bem que naquele dia aquela mulher seria curada da forma como foi. Ele sabia muito bem distinguir um "aperto da multidão", de algo sobrenatural. Exatamente, Ele sabia. Mas as pessoas não. A intenção de Jesus ali era contar para a multidão que aquela mulher não era mais escrava de sua enfermidade, e, por isso, não deveria ser desprezada, mas aceita por todos.

Em paz, Jesus despediu aquela mulher. Seu sangramento havia sido cessado. Jesus também quer curar as suas emoções, basta que você toque n'Ele. E, mais, Ele não apenas quer curá-lo, mas dizer ao mundo que você está livre, que você está curado.

CAPÍTULO 9
FÉ

A fé é a nossa arma de guerra; ai do guerreiro que a esquece.

C. H. Spurgeon

Até aqui, escrevi oito princípios que considero importantes para levar uma pessoa ao sucesso em todas as áreas de sua vida. Ainda faltam três para concluirmos, mas neste capítulo, em especial, peço atenção redobrada.

Da mesma forma que um carro não anda sem gasolina, é impossível que nossos sonhos aconteçam se não tivermos fé no coração. Se não acreditarmos que podemos alcançar nossos projetos pessoais, por exemplo, nunca chegaremos perto de realizá-los. A fé é a força motriz, o alimento espiritual e o fortalecimento emocional que necessitamos para avançar e conquistar territórios.

Sem fé é impossível vencer, bem como agradar a Deus. O autor do livro de Hebreus, no capítulo 11, faz um amplo relato e apresenta definições a respeito dessa palavra tão pequena, mas ao mesmo tempo tão poderosa:

> Ora, a fé é a certeza daquilo que esperamos e a prova das coisas que não vemos. Pois foi por meio dela que os antigos receberam bom testemunho. Pela fé entendemos que o universo foi formado pela palavra de Deus, de modo que aquilo que se vê não foi feito do que é visível. (Hebreus 11.1-3)

Andar em fé é ter certeza, convicção, de que aquilo que ainda não podemos ver no natural, e que ainda esperamos, já é realidade através da fé. É por esse motivo que, mediante os olhos da fé, já somos capazes de enxergar, no espírito, a realidade que esperamos no natural, mesmo que ela ainda não tenha acontecido de fato. Ter fé é acreditar no que Deus está dizendo, mais do que o que podemos ver ou constatar. É termos uma atitude espiritual, de acreditar e creditar a Deus os nossos projetos, planos e toda a nossa vida, de forma integral. E no verso 6, o autor continua:

> Sem fé é impossível agradar a Deus, pois quem dele se aproxima precisa crer que ele existe e que recompensa aqueles que o buscam.

Quando falamos em agradar a Deus, o fundamental é nos rendermos e servi-lO, sem querer algo em troca. Mesmo assim, Ele, em Sua infinita bondade e amor, nos garante uma "recompensa" por essa busca e rendição. A fé atrai a mão de Deus em nossa direção. É através dela que Deus se move em prol do homem. A própria salvação se resume à fé em Cristo Jesus.

Quando vejo um casal que se ama com problemas em seu relacionamento conjugal, sempre pergunto a eles se estão agradando um ao outro. É claro que, geralmente, a resposta é sim, e percebo sinceridade. Entretanto, ao tentar agradar o cônjuge, buscam fazer aquilo que lhes agrada. Por exemplo, um marido bem intencionado pode levar sua esposa a um "jantar romântico" em uma churrascaria, mas convidar um casal de amigos para ir com eles. Por mais bem intencionado que esteja, no geral, não é isso que a esposa espera de um "jantar romântico", e sim um lugar apropriado em que o casal esteja a sós.

O inverso também pode acontecer. Uma esposa pode

decidir fazer um programa para agradar o marido, mas decide levá-lo a uma apresentação de *ballet* clássico. Normalmente, os maridos têm a tendência de serem consumidos por tédio e sono em programações assim. Qual é a solução? Perguntar ao cônjuge o que lhe agrada e manter o diálogo sempre aberto a respeito de tudo.

Com Deus, não é diferente. Se quisermos agradá-lO, devemos buscar o que Lhe agrada. E, conforme o autor de Hebreus mencionou, o que Lhe agrada é a fé. Não adianta tentarmos fazer algo que pensamos ser o que agrada a Deus e, por isso, sairmos afirmando que estamos agradando a Ele. Só o que é feito com fé, de fato, agrada a Deus.

O Salmo 37 diz que aquele que agrada o Senhor tem satisfeito os desejos do coração. Quem deseja vencer na vida precisa ter fé, pois esse é o caminho para agradar a Deus. Algo interessante também sobre esse assunto é que acredito que uma das formas mais lindas de cultivarmos a nossa fé é reconhecer e seguir os exemplos dos vencedores do passado, principalmente os bíblicos, tendo a certeza de que assim alcançaremos o bom testemunho de vida que eles tiveram.

O livro de Hebreus nos afirma que, pela fé, Noé construiu um grande barco que resultou na salvação de sua família e na preservação das espécies. Pela fé, Abraão teve coragem de sair do conforto do lar de seu pai para buscar uma terra distante, onde se tornaria um homem extremamente próspero e conquistaria uma terra que deixaria de herança para seus filhos, netos e bisnetos. Pela fé, Moisés recusou ser chamado neto de Faraó, pois "considerou o opróbrio de Cristo por maiores riquezas do que os tesouros do Egito, porque contemplava o galardão". Em outras palavras, Moisés tinha visão de algo eterno, que sobressaía ao que era temporal. Ele investiu em algo que valia mais a pena do que as riquezas daquela terra. Moisés soube quando e onde investir. Tudo o que é eterno sempre será maior do que aquilo que é temporal. Sempre.

Pela fé, Raabe mudou sua vida radicalmente também. Temendo a Deus, ela abandonou a prostituição para se tornar uma mulher temente a Deus. Casou-se com um homem muito rico e gerou, por meio de sua descendência, homens como Boaz, Davi, entrando, inclusive, na genealogia de Jesus. Sim, pela fé, uma prostituta transformou sua vida de desprezo e vergonha e se tornou mãe de reis.

Por intermédio da fé, pessoas:

... conquistaram reinos, praticaram a justiça, alcançaram o cumprimento de promessas, fecharam a boca de leões, apagaram o poder do fogo e escaparam do fio da espada; da fraqueza tiraram força, tornaram-se poderosos na batalha e puseram em fuga exércitos estrangeiros. Houve mulheres que, pela ressurreição, tiveram de volta os seus mortos. Uns foram torturados e recusaram ser libertados para poderem alcançar uma ressurreição superior; outros enfrentaram zombaria e açoites; outros, ainda, foram acorrentados e colocados na prisão, apedrejados, serrados ao meio, postos à prova, mortos ao fio da espada. Andaram errantes, vestidos de pele de ovelhas e de cabras, necessitados, afligidos e maltratados. O mundo não era digno deles. Vagaram pelos desertos e montes, pelas cavernas e grutas. Todos estes receberam bom testemunho por meio da fé... (Hebreus 11.33-39)

Somente através da fé uma vida pode ser radicalmente transformada.

Santo Agostinho, um dos mais importantes teólogos e filósofos dos primeiros anos do cristianismo, disse, certa vez, que: "Ter fé é assinar uma folha em branco e deixar que Deus escreva o que quiser". Sem dúvida, fé é a entrega que devemos a Deus, mas é uma atitude sábia também. A fé é um posicionamento inteligente!

Inúmeras pesquisas científicas ao redor mundo,

inclusive nas melhores universidades, retratam o poder da fé nos tratamentos medicinais ou na procura da felicidade. Quem tem fé, segue uma religião ou crê em Deus, segundo essas pesquisas, tem uma vida que tende ao sucesso, tanto na saúde física e emocional, como também na carreira profissional.

Em 2004, a Associação Paulista de Medicina publicou uma pesquisa que afirma o poder da fé na recuperação de pacientes com câncer. Segundo a pesquisa, a espiritualidade dos pacientes propiciava equilíbrio "neurofisiológico e hormonal", que atuava no sistema imunológico dos pacientes em tratamento estimulando "a produção de endorfina", que é o hormônio responsável pelo bem-estar. Isso trazia uma melhora significativa nas chances de êxito do tratamento.

No mesmo ano, o geneticista americano Dean Hamer publicou a descoberta do que ele chamou de "genes da fé". De acordo com ele, a fé estimula a "ação neurotransmissora da dopamina", que também atua no bem-estar de pacientes ajudando-os na busca da cura.

Já em 2018, a Universidade de Ohio publicou, na prestigiada revista científica *Social Psychological and Personality Science*, o resultado de uma pesquisa que declara que as pessoas que acreditam em Deus vivem, em média, quatro anos a mais do que ateus.

O Instituto Marcus de Saúde Integrativa, da Universidade Thomas Jefferson, nos Estados Unidos, publicou um estudo que concluiu que: "ambientes de imersão espiritual ajudam as pessoas no crescimento espiritual e psicológico, independentemente de suas crenças religiosas". Conforme o estudo, publicado em 2000, "a serotonina e a dopamina fazem parte da recompensa e dos sistemas emocionais do cérebro, e nos ajudam a entender por que essas práticas se tornam experiências emocionais poderosas e positivas". Ainda segundo o estudo, a espiritualidade "traz bem-estar, redução do estresse, desenvolvimento espiritual e psicológico e até mesmo alterações na saúde do praticante, como diminuição nos índices de hipertensão, ansiedade e depressão".

O número de pesquisas que têm a fé como estudo são infinitos, a maioria, com resultados positivos, o que me faz chegar a uma única conclusão: ter fé é algo inteligente.

O problema é, muitas vezes, mesmo que estejamos rodeados por pessoas de fé e ambientes que emanam fé, nós mesmos não sentimos ter fé. Gosto muito daquela história descrita em Marcos 9, quando um pai se aproxima de Jesus pedindo-Lhe que curasse o seu filho. O Mestre, então, pergunta ao pai se ele tinha fé de que Ele poderia curar a criança. E o pai respondeu:

> Creio, ajuda-me a vencer a minha incredulidade.
> (Marcos 9.24b — ACF)

Se a falta de fé existe, não podemos nos permitir viver em sua companhia, temos de lutar contra isso, correndo em direção ao Único que pode nos ajudar a vencê-la. Baseado nisso, darei a você quatro sugestões de como fortalecer a sua fé:

1. LEITURA BÍBLICA

A maior fonte palpável de fé que temos é a Palavra de Deus. Ao lermos a Bíblia, nos alimentamos emocional, física e espiritualmente. Por meio da Palavra, alimentamos a nossa fé.

Porém, para isso, temos de ter disciplina diária nessa leitura. Estudar e aprender a Bíblia fará toda a diferença em sua vida, inclusive, profissional. Não existem textos na humanidade que tenham mais conceitos de liderança ou empreendedorismo. Não há literatura mais rica em conselhos ou exemplos a serem seguidos em nosso caminhar diário.

O salmista afirma que a Bíblia é lâmpada para os nossos pés e luz para o nosso caminho (Salmos 119.105). A Palavra de Deus tem a graça e o poder de iluminar caminhos, algo tão essencial tanto para um homem de negócios, quanto para um artista ou um clérigo. As Escrituras trazem luz e conhecimento para qualquer situação.

Além do mais, há dois textos que refletem algo muito interessante sobre a Palavra de Deus:

> Somente seja forte e muito corajoso! Tenha o cuidado de obedecer a toda a lei que o meu servo Moisés lhe ordenou; não se desvie dela, nem para a direita nem para a esquerda, para que você seja bem sucedido por onde quer que andar. Não deixe de falar as palavras deste Livro da Lei e de meditar nelas de dia e de noite, para que você cumpra fielmente tudo o que nele está escrito. Só então os seus caminhos prosperarão e você será bem sucedido. (Josué 1.7-8)

> Como é feliz aquele que não segue o conselho dos ímpios, não imita a conduta dos pecadores, nem se assenta na roda dos zombadores! Ao contrário, sua satisfação está na lei do Senhor, e nessa lei medita dia e noite. (Salmos 1.1-2)

No primeiro, em meio a uma promessa de que ninguém poderia resisti-lo e de que Deus seria com ele da forma que foi com Moisés, Josué foi inspirado e comissionado a ter coragem e esforço. Porém, Deus condicionou-o a estudar e meditar "na lei do Senhor de dia e de noite", pois apenas assim ele prosperaria e seria bem-sucedido. O salmista também afirma que o homem feliz, bem-aventurado, é aquele que tem seu prazer e satisfação na Palavra de Deus e, nela, "medita dia e noite".

Entretanto, além do significado temporal, há outra interpretação na expressão "dia e noite". Isso porque, biblicamente falando, a noite também carrega o sentido de momentos difíceis, problemas, dificuldades, "de choro que dura uma noite inteira". E a palavra dia tem a ver com alegria, realização, paz. Ou seja, devemos meditar e guardar a Palavra de Deus quando passamos por momentos difíceis e quando passamos por boas temporadas. Seja em qual estação estivermos, a Palavra será luz e nos guiará.

2. ORAÇÃO

Comprovadamente, a oração é capaz de afetar biológica e psiquicamente a vida de um intercessor. Porém, ela carrega um poder maior ainda: a conversa com Deus. Ao chamarmos Deus para fazer parte dos nossos desafios pessoais, nós O levamos a participar ativamente de nossa jornada.

Só que, dentro disso, não podemos nos esquecer: Deus é cavalheiro. Ele não se intrometerá em nossa vida se não permitirmos. Portanto, precisamos convidá-lO, em oração, para assumir o papel do capitão em nossa trajetória. Peça ajuda, conselhos, direção.

Como sabemos bem, todo relacionamento precisa de comunicação, afinal é impossível estabelecermos elos sociais ou afetivos com outras pessoas sem nos comunicarmos de alguma forma. O segredo do sucesso para qualquer relacionamento é uma boa comunicação. E com Deus não é diferente, você precisa conversar com Ele se quiser criar um relacionamento profundo e constante.

3. IGREJA

A Bíblia diz que a fé vem pelo ouvir e ouvir da Palavra de Deus, e para isso você precisa estar inserido na Igreja, Eclésia. Uma igreja viva, atuante, que expressa o verdadeiro evangelho de Jesus, injetará fé constantemente em sua vida, seja para enfrentar todos os desafios, para abençoar outras pessoas e até mesmo para seu próprio crescimento pessoal.

A Bíblia nos afirma que:

> Assim como o ferro afia o ferro, o homem afia o seu companheiro. (Provérbios 27.17)

Isso significa que não é possível crescermos, amadurecermos e nos desenvolvermos sem estarmos em comunidade. Além disso, a Palavra também nos diz que a Igreja é o corpo de Cristo, o que quer dizer que não temos como amar a Jesus, O cabeça, sem amarmos o Seu corpo. Quando amamos alguém, amamos por inteiro, sua cabeça, corpo, coração e por aí vai. E com Jesus é a mesma coisa. O que precisamos lembrar é que a Igreja não é perfeita, afinal é composta por pessoas imperfeitas, mas Cristo, que é quem dá os comandos, é perfeito, e por isso temos a garantia de que estamos indo para a direção correta.

O problema é que muitas pessoas acabam colocando suas expectativas em homens, e são frustradas. Alguns ficam tão feridos e desiludidos com pessoas ou situações na Igreja que acabam até mesmo abandonando a fé. Mas os nossos olhos e esperança precisam estar em Jesus, autor e consumador da nossa fé.

A Igreja é fundamental para cumprirmos a nossa missão na Terra, seja coletiva ou individualmente. Porque é através dela que somos afiados, treinados, desafiados, confrontados, encorajados e amados. A Igreja é capaz de recarregar a nossa bateria espiritual, que é abastecida pela fé, a energia que vem de Deus. Cada vez mais temos tido nossas energias, nossa fé, sugadas por todos os lados, e por isso é essencial estarmos próximos à Igreja para recarregarmos a nossa bateria de fé e continuarmos constantes na caminhada.

4. RELACIONAMENTOS

Mencionei bastante a respeito de relacionamentos, e escolhi reforçar aqui, porque acredito que a escolha das conexões certas pode impulsionar ou minar a sua vida. Envolva-se com pessoas que tenham fé, e que desenvolvam em você o apetite pelo sobrenatural de Deus.

Andar por fé, é escolher caminhar em cima das palavras do Senhor, mesmo que isso ofenda a nossa lógica e racionalidade. Cerque-se de amigos e relacionamentos que façam você crescer em fé, porque ela é imprescindível na caminhada cristã.

Porém, nessa jornada de fé, não foram apenas mulheres e homens bíblicos, teólogos ou líderes religiosos que alcançaram sucesso e grandeza em seus feitos através de uma fé inabalável. Muitos governantes, estadistas, cientistas e tantos outros, se apoiaram na fé em Deus para a construção de um legado que perdura até os dias de hoje.

Os chamados "pais fundadores dos Estados Unidos", George Washington, Thomas Jefferson e John Adams, basearam suas convicções ideológicas e políticas na fé que tinham em Deus e na Bíblia, escrevendo, inclusive, a Declaração de Independência americana sob esses valores e princípios.

Em um artigo recente, o professor Ian Hutchinson, da prestigiada *Massachusetts Institute of Technology* (MIT), afirmou que: "as pessoas que fundaram a Revolução Científica no século XVII eram religiosas, a maioria, cristãs". Todas, pessoas de peso, como Johannes Kepler e Galileu Galilei, que chegou a afirmar que: "a matemática é o alfabeto com o qual Deus escreveu o universo".

Um dos maiores gênios da música clássica mundial, Sebastian Bach, atribuiu o seu talento extraordinário e suas composições à fé que tinha no Criador. Artistas célebres como Aretha Franklin, Johnny Cash, Bob Dylan e Bono Vox também sempre expressaram a sua fé como algo determinante em suas carreiras.

O grande estadista do século XX, Winston Churchill, em um dos seus mais célebres discursos no rádio, durante a Segunda Guerra Mundial, disse a toda Inglaterra: "A fé nos é dada para nos ajudar e nos confortar quando nos assombramos diante do desenrolar do destino humano". Lincoln, o maior presidente da história americana, proclamou em 1863, um dia de "Humilhação, jejum e oração nacional" pelos Estados Unidos, e sempre, em suas falas e discursos, usava expressões que remetiam à sua fé. Aliás, como todos os presidentes americanos. Da mesma forma, Martin Luther King Jr., que, propositalmente, muitos parecem se esquecer, era pastor batista.

Nelson Mandela era metodista. Madre Teresa de Calcutá, símbolo universal de solidariedade humana, católica. C.S. Lewis era um evangélico fervoroso, enquanto o seu amigo J. R. R. Tolkien, um católico praticante. Ambos, gênios da literatura fantástica; homens de fé. Filósofos como os russos Liev Tolstói e Fiódor Dostoiévski, os ingleses Francis Bacon, Joseph Butler e John Locke, e os franceses René Descartes e Pierre Charron, só para citar alguns dessa lista imensa, afirmavam em suas obras e pensamentos a importância da fé.

Empreendedores, como Mary Kay Ash, William Colgate, Henry Parsons Crowell e tantos outros, dedicaram o seu sucesso empresarial à fé. Se reparar também, em todas as sacolas da famosa loja de roupas *Forever 21*, há um versículo bíblico. Atores como Chuck Norris, Jane Fonda, Denzel Washington, Kevin James, Chris Patt e Tyler Perry, são apenas outros grandes nomes que atribuem suas conquistas aos valores cristãos e à sua fé.

Disse e repito: ter fé é algo inteligente.

CAPÍTULO 10
AMOR

O amor não é uma coisa que se sente. É uma coisa que se faz.

David Wilkerson

Sempre gostei muito da maneira como o apóstolo Paulo construiu, especificamente, os capítulos 12 e 13 de 1 Coríntios. Naquele, o qual trata sobre os dons do Espírito Santo, ele finaliza dizendo:

> Entretanto, busquem com dedicação os melhores dons. Passo agora a mostrar-lhes um caminho ainda mais excelente.
> (1 Coríntios 12.31)

Já no capítulo 13, ele escolhe escrever um texto maravilhoso sobre o amor, inclusive, muito usado em cerimônias de casamento. No capítulo, Paulo termina instruindo:

> Assim, permanecem agora estes três: a fé, a esperança e o amor. O maior deles, porém, é o amor. (1 Coríntios 13.13)

Essa é a importância que Paulo dá ao amor: *um caminho mais excelente que dons e talentos e o mais importante dos sentimentos, entre os três mais relevantes.* É evidente que o apóstolo se refere ao amor em sua essência. O amor a Deus, o mais importante. O amor por nossa família. O amor entre um homem e uma mulher. O amor pelo próximo, e por aí vai. Mas essa passagem também se aplica perfeitamente a tudo aquilo que fazemos, já que precisamos cultivar uma mentalidade de fazermos tudo com amor.

Se você não ama o que faz, certamente não está fazendo aquilo que foi chamado para fazer. Esta não é a sua missão. Por outro lado, você já deve ter ouvido conselhos sobre a necessidade de fazer aquilo que amamos, e eu concordo. Mas, nesse processo, você não pode simplesmente largar o seu emprego e viver de maneira irresponsável. Enquanto procura o que ama fazer, você precisa de um planejamento.

Paulo amava o que fazia. Começou a sua vida sendo um grande estudioso, um doutor da lei judaica, e tinha tanto zelo por isso, ao ponto de perseguir cristãos antes de sua conversão. Porém, um dia, ele "caiu do cavalo". Teve um encontro com Jesus que lhe revelou a sua verdadeira missão: ser luz aos gentios.

Paulo passou sua vida pregando, ensinando, formando líderes e cuidando das igrejas com muito amor. O amor de Jesus por ele lhe revelou a sua missão. O seu amor por Jesus e por sua missão levou-o a ter êxito. O amor faz toda a diferença. Talvez, por isso, no capítulo 16 de 1 Coríntios, ele tenha dito que devemos fazer tudo com amor (verso 14). Paulo sabia que esse era o sentimento que trazia o "elo perfeito" (Colossenses 3.14), e que através desse amor ao Corpo de Cristo Jesus, a Igreja (ou seja, nós, o Seu povo) "cresce e edifica-se" (Efésios 4.16).

Steve Jobs, o fundador da Apple, dizia que: "a única maneira de fazer um ótimo trabalho é amando o que você faz". Talvez essa seja a grande razão de se ter tantos homens e mulheres frustrados. A busca pela felicidade é também a busca por fazer o que se ama.

Repito: com essas palavras, não tenho a pretensão de incentivar nenhuma irresponsabilidade. Largar o seu emprego para se aventurar na busca de um sonho juvenil não é nem um pouco sensato ou sábio. Como eu disse, até para isso se exige planejamento. Mas também há outra alternativa. Passar a amar o que se faz. Sim, é possível começar a amar o que você faz. Você já analisou por esse prisma? Ou melhor, você já percebeu os benefícios que trará para a sua vida ou para os que estão à sua volta se passar a amar tudo o que faz? Talvez, se olhar o seu trabalho por esse prisma, verá o que você pode realizar com ele e, assim, passe a amá-lo. Mesmo você, que hoje não consegue amar o que está fazendo e também não vê perspectiva de vir a amar um dia, é preciso se esforçar. Paulo ensina que tudo o que fazemos ou ainda faremos devemos realizar de coração, ou seja, com amor e dedicação, como se estivéssemos fazendo para Deus, e não para os homens (Colossenses 3.23). Talvez, isso exija muito de você, mas foque no prêmio: quando honramos a Deus e a Sua Palavra, somos honrados por Ele (Efésios 6.7-8).

Da mesma forma que o amor que um homem sente por uma mulher é diferente da paixão que ambos podem sentir, o amor ao que se faz se desenvolve com o tempo. Não é igual à paixão que surge do nada. O amor se constrói, alimenta. É preciso tempo, dedicação. Mas, principalmente, é preciso escolher. O amor é uma escolha. Nós escolhemos amar.

Outra dica importante: deve-se amar a missão, e não o trabalho. Bater o ponto, ficar sentado atrás de uma mesa o dia todo, na frente do fogão ou qualquer outro emprego será menos convidativo se você não entender a missão por trás daquilo. Entendendo a missão e se encaixando nela, você começará a amar o que estiver fazendo. O foco é a missão.

Um cozinheiro será um homem frustrado se apenas considerar as horas que gasta cortando, descascando, cozinhando, fritando e suando em uma cozinha. Mas, se ele entender que está alimentando muitas pessoas, poderá desenvolver amor pelo que faz. Uma enfermeira pode ficar desgastada com os plantões, as exigências dos médicos ou dos pacientes e, ainda, a falta de educação de algum parente desesperado. Mas, se ela entender que está ali para ajudar a salvar vidas, que essa é a sua missão, sua perspectiva será outra. Tudo depende de sua perspectiva.

Entretanto, quando não há amor pelo que se faz nem perspectiva de vir a tê-lo, deve-se procurar outra coisa para fazer. Mas, mais uma vez: é necessário planejamento.

Dentro disso, é muito importante ressaltar: jamais – jamais – substitua o amor por Deus ou por sua família pelo amor pelo que você faz. Não há sucesso de missão que justifique o fracasso de uma família. Porém, acima de tudo, nunca permita que qualquer amor ou outro sentimento substitua o seu amor por Deus. Tudo aquilo que substitui, ou está entre você e Deus, é um ídolo que precisa ser removido. Lembre-se das palavras do sábio rei Salomão:

> É melhor ter verduras na refeição onde há amor do que um boi gordo acompanhado de ódio. (Provérbios 15.17)

Além disso, ainda sob a perspectiva de Paulo sobre o amor, é fantástico perceber que ele escolhe começar o capítulo afirmando que, apesar do acesso ao sobrenatural ("fale a língua dos anjos", "dom de profecia", "fé capaz de mover montanhas"), da sabedoria e entendimentos naturais ("fale as línguas dos homens", "saiba todos os mistérios e todo o conhecimento"), das boas intenções ("meus bens aos mais pobres") e até mesmo dos grandes sacrifícios ("entregue meu corpo para ser queimado"), sem o amor, de nada valeria. A Palavra afirma que sem ele, seríamos como "o sino que ressoa ou como o prato que retine". Como um barulho que atormenta. Em outras palavras, Paulo ensina que mesmo que tivéssemos todas as capacidades ou qualidades espirituais, ministeriais e naturais necessárias para ser grandes homens e mulheres, se não tivéssemos amor, tudo isso seria um instrumento desafinado em meio a toda a musicalidade complexa que é a vida.

Com isso, o apóstolo começa ensinar à igreja de Corinto o que seria o amor ou de que forma o amor é manifesto. Isso era, e é, importante porque nos instrui que o amor não é teoria, mas prática. Ele precisa ser expresso. Precisa ser posto para fora, e não guardado. Eu posso dizer várias vezes para a minha esposa e meus filhos que os amo, mas se não demonstrar, serei mais um instrumento desafinado repetindo: "Eu amo vocês".

O amor se expressa com paciência e bondade. O amor não procura seus próprios interesses, não se vangloria ou gera orgulho. Ele não arde em ciúmes ou demonstra inveja. O amor rejeita a inveja. O amor não age com maldade. Não perde a cabeça e se ira com facilidade. O amor perdoa, não guarda rancor. O amor expressa a justiça e a verdade. Sempre. Se for injusto, não é amor. Se não é verdadeiro, tão pouco (1 Coríntios 13). Quem ama cuida, ajuda, "suporta", orienta. O amor não pula no abismo junto com uma pessoa, mas faz de tudo para impedir que esse alguém caia nele. O amor foi criado para suportar o sofrimento. O amor gera esperança, pois "tudo espera". O amor não acaba. As profecias podem desaparecer, bem como os conhecimentos sobrenaturais e naturais. Mas o amor não. Simplesmente, porque "Deus é amor!" (1 João 4.8).

E o apóstolo João vai além:

> Amados, amemo-nos uns aos outros, pois o amor procede de Deus. Aquele que ama é nascido de Deus e conhece a Deus. Quem não ama não conhece a Deus, porque Deus é amor. (1 João 4.7-8)

O amor se expressa uns aos outros. Ame, e você será uma pessoa de sucesso. Preencha o seu coração com amor, e você preencherá o seu coração com Deus. E no que diz respeito ao dom de amar, permita que Ele seja o seu mentor. Lembrando que a Sua definição de amor é extremamente diferente do que pregam por aí. Jesus disse:

> Aquele que tem os meus mandamentos e obedece a eles, esse é o que me ama; e aquele que me ama será amado por meu Pai, e Eu também o amarei e me revelarei a ele. (João 14.21 – King James)

Amar a Deus é obedecê-lO. A obediência é a demonstração prática do nosso amor por Deus. Não O amamos, se não somos obedientes à Sua palavra. Por outro lado, é um alívio saber:

> Porquanto, nisto consiste o amor a Deus: em que pratiquemos os seus mandamentos. E os seus mandamentos não são pesados. (1 João 5.3)

Deus é amor. E no amor não há medo. Não há peso.

CAPÍTULO 11
CORREÇÃO

Senhor, dai-me força para mudar o que pode ser mudado... Resignação para aceitar o que não pode ser mudado... E sabedoria para distinguir uma coisa da outra.

Francisco de Assis

Nas páginas deste livro, escrevi sobre os princípios que acredito serem essenciais para o desenvolvimento de uma pessoa. Fundamentos que aprendi na minha vida, através da experiência que carrego no ministério e serviço público, por meio do meu conhecimento e formação, mas, sobretudo, por intermédio da minha fé, entendendo que Deus nos chamou para viver em abundância, comer do melhor desta terra e sermos mais do que vencedores diante das aflições que passaremos no mundo.

A intenção deste capítulo, portanto, é levá-lo a uma reflexão, uma autoanálise. Paulo dizia que devemos examinar a nós mesmos para percebermos se, de fato, estamos no caminho certo. Não é à toa que a maioria dos métodos que são desenvolvidos por *coachings* no mundo inteiro ou mesmo nos consultórios de psicologia tenha como objetivo final o autoconhecimento. Conhecer a si mesmo é crucial. Saber os erros, mais ainda.

Isso porque, ao sabermos onde erramos, seja por atitudes equivocadas ou por omissão, podemos nos arrepender e consertar, lembrando que Deus é especialista nisso.

Quando penso sobre essa questão, lembro-me da passagem de Jeremias quando foi levado por Deus para visitar a "casa do oleiro". Deus lhe mostrou o trabalho artesanal que um oleiro tinha de executar para transformar argila em vaso. Enquanto mexia e adicionava água ao barro, o material se desfez nas mãos do oleiro. Porém, o artista não jogou fora o barro deformado, mas, simplesmente, começou a trabalhar nele de novo. O barro não é "descartável", ele é reutilizável e remodelável.

Deus é o oleiro de nossas vidas. Ele nos refaz sempre que precisamos, e jamais descarta o barro porque ele se desmancha em alguns momentos. O que Ele faz é começar a remodelá-lo novamente. Aperta de um lado, retira excessos de outro, e passa a modelá-lo de acordo com o Seu querer e propósito. Mas para sermos refeitos pelo Oleiro, precisamos estar disponíveis para recomeçar, e isso nem sempre é fácil.

Sansão afastou-se de sua missão. Pouco a pouco, foi abrindo mão de alguns princípios em sua vida e, quando se deu conta, já estava contaminado por bebidas, mulheres e todo tipo de distrações que o levaram para longe do seu propósito. Sansão perdeu a sua missão ao quebrar o seu voto de nazireu; por esse motivo, precisou pagar o preço. O Oleiro, porém, decidiu refazer aquele homem, mesmo após tantos erros. E aqui, compartilho um dos versículos que mais gosto:

> E o cabelo da sua cabeça, logo após ser rapado, começou a crescer de novo. (Juízes 16.22 — ARA)

Não tem a ver com a nossa bondade. Não é por nossa causa, mas, pela graça de Deus. É somente por meio dela que há esperança para todos. Neste momento, reflita: Onde você está errando? Você tem desprezado os desafios de Deus para sua vida? Tem negligenciado a busca pelo conhecimento? Não consegue ser resiliente diante dos problemas? Está sem disposição para perseverar e correr atrás do melhor de Deus para você? Tem dificuldade de abrir mão de péssimos relacionamentos? Não tem ou não quer ter um mentor? Ou pior, tem seguido um péssimo mentor e não consegue se livrar dele? Está lhe faltando inteligência emocional? Faltando fé? Amor?

Não importa quantas respostas positivas você tenha dado, saiba que a redenção existe, basta um sim para que o Oleiro refaça a sua vida novamente. E creia que, enquanto você lê este livro, Deus está fazendo o "seu cabelo crescer" de novo.

O próximo e último passo é corrigir o que está errado. Alguns desses erros serão cometidos por fraquezas, outros por pecados e, para ser livre, você precisa primeiro reconhecer que está errado e depois se arrepender de fato. O arrependimento não é apenas tristeza, mas uma mudança do estado anterior.

Lembre-se, Deus é o maior interessado no seu sucesso e prosperidade, mas sem o seu consentimento, a transformação não tem como acontecer. Por isso, eu o convido a subir a montanha que Deus reservou especialmente para você. O seu Canaã espiritual e natural.

Entretanto, não se esqueça, em Salmos 24, Davi nos ensina:

> Quem subirá ao monte do SENHOR? Quem há de permanecer no seu santo lugar? (Salmos 24.3 – ARA)

Não basta subir, precisamos e devemos permanecer. E fico feliz porque, sinceramente, não tenho dúvidas de que os princípios contidos neste livro, se realmente aplicados, ajudarão você a subir o monte que o Senhor separou para a sua vida, além de lhe dar as ferramentas certas para que você permaneça nele.

Na carta para a Igreja de Éfeso, em Apocalipse, o Espírito Santo chama atenção da Igreja para que ela corrigisse seus rumos. O interessante é que o próprio texto afirma que a Igreja de Éfeso era considerada uma boa congregação. Ela "trabalhava arduamente", era perseverante, não tolerava homens maus e ainda colocava à prova homens que diziam serem apóstolos. Além disso, aquela igreja odiava desvios de conduta doutrinárias, suportava a perseguição e amava a Jesus. Entretanto, ainda assim, algo estava errado e precisava de conserto:

> Contra você, porém, tenho isto: você abandonou o seu primeiro amor. Lembre-se de onde caiu! Arrependa-se e pratique as obras que praticava no princípio. Se não se arrepender, virei a você e tirarei o seu candelabro do seu lugar.
> (Apocalipse 2.4-5)

A igreja de Éfeso havia abandonado o primeiro amor; aquela paixão pelas coisas de Deus, pela obra, pela Palavra, entre outras práticas importantes para uma caminhada de fé. O que o Espírito Santo lhes instruiu que fizessem? "Lembre-se de onde caiu! Arrependa-se e pratique as obras que praticava no princípio".

Lembrança e arrependimento, duas instruções. Arrependimento do caminho e das escolhas erradas é fundamental para que possamos tomar o rumo correto. Porém, quando há erro, é preciso trazer à memória o que está errado. Eliseu ensinou esse princípio aos seus discípulos através de um machado perdido. Os alunos de sua escola queriam ampliar seus dormitórios, para isso precisavam de mais madeiras. Então, convenceram o profeta a ir junto, e um deles, ao cortar uma árvore, deixou escapulir de suas mãos um machado emprestado, que caiu nas águas do rio Jordão:

Quando um deles estava cortando um tronco, o ferro do machado caiu na água. E ele gritou: "Ah, meu senhor, era emprestado! O homem de Deus perguntou: "Onde caiu? Quando ele lhe mostrou o lugar, Eliseu cortou um galho e o jogou ali, fazendo o ferro flutuar, e disse: "Pegue-o". O homem esticou o braço e o pegou." (2 Reis 6.5-7)

Esse é o mesmo princípio de Apocalipse. Eliseu pergunta: "Onde caiu?". E o seu discípulo lhe apontou o lugar. Apenas depois o profeta operou o milagre. Com as nossas vidas não é diferente. Só somos transformados pelo Espírito Santo quando temos consciência do nosso erro, confessamos e nos arrependemos. Somente assim permitimos que Ele libere o Seu poder transformador que faz "machados flutuarem".

Não importa onde você tenha caído, sempre existe a chance de se arrepender e voltar. O problema é que muitos não estão dispostos a fazer o sacrifício necessário para mudar. Mas se quisermos ser transformados, precisamos ter disposição para mudar, para abandonar o conforto ou o erro, e ter uma nova perspectiva que nos faça enfrentar os desafios da vida com outra mentalidade.

Uma das passagens bíblicas que mais me chamam atenção é a história dos doze espias, narrada no livro de

Números. Doze homens foram enviados por Moisés para espiar a terra de Canaã, a terra das promessas para o povo de Israel. Quando voltaram, dois relatórios foram apresentados. Ambos descreviam que a terra era, de fato, como Deus havia prometido, mas divergiam sobre a possibilidade de a terra ser conquistada. Dos doze, dez afirmavam que não era aconselhável enfrentar os povos que viviam ali, já que alguns deles, inclusive, eram gigantes. Por outro lado, dois daqueles homens, Calebe e Josué, apresentaram um discurso completamente diferente dos demais, declarando que deveriam, sim, enfrentar as guerras que viriam, pois a recompensa seria grande:

> Então Calebe fez o povo calar-se perante Moisés e disse: "Subamos e tomemos posse da terra. É certo que venceremos!" Mas os homens que tinham ido com ele disseram: "Não podemos atacar aquele povo; é mais forte do que nós". (Números 13.30-31)

A forma como os espias decidiram enxergar a terra fez toda a diferença. Por se manterem firmes em suas posições, Josué e Calebe foram honrados por Deus, além de terem sido os únicos dos espias que entraram na Terra Prometida.

Deus sempre nos mostrará a recompensa pela qual vale a pena lutar e conquistar, mas depende de nós. Hoje, existe uma terra chamada "futuro" diante de você, pronta para ser conquistada. Essa é a terra das promessas de Deus, uma terra que "mana leite e mel". Mas nela, como bem sabemos, há exércitos, cidades e gigantes a serem vencidos e conquistados através de batalhas. O que você fará? Ficará de olho nos adversários ou no prêmio? Escolha colocar os olhos no Deus que lhe prometeu a terra, porque é assim que você conquistará as recompensas que Ele prometeu.

Se hoje existe alguma mudança que você deseja fazer em sua vida, comece listando pelo menos três. Faça disso um objetivo, e escreva como fará para iniciar essas mudanças. Lembre-se: é mais importante iniciar devagar e ser constante do que colocar muitas metas utópicas e não sair do lugar.

Salomão, entre todas as coisas, escolheu a sabedoria, porque tinha um propósito nisso. Se achar necessário, escolha apenas uma coisa, como Salomão, e acredite que esse único ponto que você escolheu focar lhe ensinará muito a respeito de você mesmo. Faça um planejamento em cima disso, e pergunte ao Espírito Santo qual ou quais pontos você precisa mudar. Seja o que for, se Ele revelar, você será capaz, junto com Ele, de alcançar essa mudança.

É possível mudar. Basta querermos. E não precisamos ter medo. A mudança, que muitas vezes vem em forma de recomeço, faz parte da vida. Se for necessário, reinvente-se. Mas não desista, porque tudo depende do seu sim.

A minha sincera oração é que, hoje, você decida dizer sim ao que Deus deseja fazer em sua vida. O sucesso não ocorre por acaso. Ele é a soma das decisões e atitudes que tomamos em nossa jornada. Escolha ter sucesso. E melhor, escolha ter o sucesso que Deus tem para você. Mas não se esqueça: depende de você.